t. TRAUNER

Silvia kocht

Die besten Rezepte aus der neuen ORF-Kochsendung mit Silvia Schneider

© 2020
TRAUNER
Verlag + Buchservice GmbH
Köglstraße 14, 4020 Linz
2. Auflage 2020

Lektorat: Birgit Prammer

Layout und Gestaltung: Bettina Victor

Fotografien: Simeon Baker

Herstellung: Gutenberg-Werbering
Gesellschaft m.b.H.,
Anastasius-Grün-Straße 6, 4020 Linz

ISBN: 978-3-99062-974-1

Kulinarische Entdeckungsreise durch Österreich

Gibt es für Sie diese eine Kindheitserinnerung, die unweigerlich mit gutem Essen verbunden ist?

Für mich gibt es viele: die brodelnden Kochtöpfe in der Küche meiner Oma und wie sie uns mit flinker Hand und mit vom Wasserdampf glänzendem Gesicht jedes Mal aus der Küche verjagte, wenn wir neugierig einen schnellen Blick auf das sonntägliche Menü erhaschen wollten. Kurz darauf servierte sie uns die köstlichsten Speisen auf einem blütenweißen, gestärkten Tischtuch – mit Äpfeln gefüllte Ente, Kürbiszuspeise mit Dill und Kartoffelpüree, gefüllte Paprika, selbstgemachte, mit roter Gelatine überzogene Himbeertörtchen.

Stehe ich heute in der Küche, denke ich an die vielen Generationen von Frauen in meiner Familie und ich stelle mir vor, dass sie hinter mir stehen, mir über die Schulter blicken, mir den Kochlöffel reichen, wenn ich ihn nicht finde und den Herd zurückdrehen, sollte ich darauf vergessen haben. Kochen ist für mich die Erinnerung an alles, was gut ist, ein Mittel zur Beruhigung und ein wärmendes Versprechen. Meine Sendung „Silvia kocht" versucht, genau das an Sie zu Hause weiterzugeben – ein Lächeln, die Liebe zum Produkt, die Freude daran, dass meine Küche zu der Ihren wird.

Ich freue mich, für Sie die besten Köchinnen und Köche des Landes besuchen zu dürfen, regionale Produzentinnen und Produzenten kennenzulernen und deren Liebe zu ihren österreichischen Erzeugnissen widerzuspiegeln. Ich kann es kaum erwarten, die Freude beim Kochen bis in Ihr Zuhause zu transportieren.

Denken Sie an mich, wenn Sie die Rezepte der Sendung ausprobieren, schenken Sie mir ein Lächeln, wenn Sie Ihre Hände in Mehl tauchen und fühlen auch Sie das unwiderstehliche Gefühl der Ruhe, wenn es in Ihren Töpfen brodelt, der Ofen surrt und Ihnen eine gut gesinnte Hand den Kochlöffel reicht – so wie mir meine Oma. Danke!

Inhaltsverzeichnis

Mit **Christian Domschitz** zu kochen ist ein besonderes Vergnügen. Er lädt in einem der berühmtesten Häuser Wiens, dem Wiener Burgtheater, zum Gaumenschmaus. Sein Restaurant, das Vestibül, ist Schauplatz vor und nach dem eigentlichen Schauspiel. Hier trinkt man das Glas Sekt vor einer Premiere und kommt noch auf einen Absacker nach dem letzten Vorhang. Er kocht für Schauspielstars, Theaterbegeisterte und Menschen, die den Genuss lieben und wirkt dabei immer wie ein echter Sir. Besondere Freude hatte er beim Kochen mit mir, als er mir einen Extraschuss Gin in den Gurkensalat mixte. Ja – es muss wohl nicht jeder Absacker in einem Glas serviert werden ...

Silvia kocht
... mit Christian Domschitz

Snackgurken-Salat auf Tonic-Gelee mit Gin

Zutaten für 4 Personen:

3 Blätter Gelatine

200 ml Tonic Water

12 Snackgurken

Salz

Gin in einer Sprühflasche

10 Blätter Minze

Marinade

250 g griechisches Joghurt

1 EL Zitronenöl

2 EL Olivenöl

1/2 Bio-Limette

50 ml Buttermilch

Salz, Pfeffer

Zubereitung:

- Gelatine in Wasser einweichen, gut ausdrücken und vorsichtig mit dem Tonic erwärmen, bis sich die Gelatine darin aufgelöst hat.
- Die Flüssigkeit 3 mm hoch in eine kalte rechteckige Form gießen und in den Kühlschrank stellen, bis sie stockt.
- Inzwischen für die Marinade Joghurt, Zitronenöl, Olivenöl, Saft und Abrieb der halben Limette, Buttermilch, Salz und Pfeffer gut verrühren.
- Für den Gurkensalat die Gurken in dünne Scheiben schneiden, salzen, 5 Minuten ziehen und gut abtropfen lassen. Gurken in die Marinade einrühren und wieder 5 Minuten ziehen lassen.
- Gurkensalat in einem Ring am Teller anrichten. Eine Scheibe Tonic-Gelee ausstechen und daraufsetzen. Mit Gin besprühen und mit Minzblättern garnieren.

Gebratenes Filet vom Wiener Waller mit Kräutern und Paradeisern

Zutaten für 4 Personen:

Halbgetrocknete Cherryparadeiser

12 kleine Rispenparadeiser (Cherrytomaten) • Salz • Staubzucker

1 Zweig Rosmarin • 1 EL Olivenöl

Paradeiser-Tatar

1 Fleischparadeiser (z. B. Ochsenherztomate) • Salz

1 Zweig Basilikum • Olivenöl

Geschmolzene Cherryparadeiser

350 g Raritäten-Paradeiser (unterschiedliche Tomatensorten)

1 EL Olivenöl • Staubzucker • 1 EL Butter • Salz

1 EL Schnittlauch, fein geschnitten

Waller

600 g Wallerfilet (Wels) • Salz • Olivenöl

Saft von einer halben Zitrone • Butter

2 EL Schnittlauch, fein geschnitten

Zubereitung:

• Für die halbgetrockneten Cherryparadeiser das Backrohr auf 120 °C vorheizen. Die kleinen Tomaten halbieren und mit der Schnittfläche nach oben auf ein mit Backpapier belegtes Backblech legen. Salzen und mit Staubzucker bestreuen. Den Rosmarin abrebeln und gleichmäßig auf den Paradeisern verteilen. Anschließend die Tomaten mit Olivenöl beträufeln und für 1–1 1/2 Stunden bei Heißluft in das Backrohr geben. In dieser Zeit das Backrohr immer wieder zum Belüften öffnen, um der Bildung von Dampf vorzubeugen.

• Für das Paradeiser-Tatar einen Topf mit Wasser zum Kochen bringen und kaltes Wasser mit Eiswürfeln in einer Schüssel bereitstellen. Den

Strunk des Paradeisers entfernen und mit einem scharfen Messer die gegenüberliegende Seite kreuzförmig einritzen. Sobald das Wasser kocht, den Paradeiser für ein paar Sekunden einlegen, damit sich die Haut lösen lässt, und anschließend im Eiswasser abschrecken. Nach dem Abkühlen die Haut vollständig entfernen, die Fleischtomate halbieren und die Kerne auskratzen. Das Fruchtfleisch in Würfel schneiden, salzen und in ein Sieb über eine Schüssel geben (das abtropfende Paradeiserwasser wird noch benötigt). Kurz vor dem Anrichten die abgetropften Würfel mit abgezupften, gehackten Basilikumblättern und Olivenöl mischen.

- Für die geschmolzenen bunte Cherryparadeiser die kleinen Tomaten halbieren, größere in Stücke schneiden, die den halbierten entsprechen. Das Olivenöl erhitzen und die Paradeiser darin schwenken, etwas Staubzucker dazugeben und mit Butter und dem Paradeiserwasser (vom Tatar) sämig rühren, mit Salz und Schnittlauch abschmecken.

- Die Fischfilets in gleichmäßige Stücke schneiden, salzen und in einer Pfanne mit Olivenöl beidseitig braten. Kurz bevor der Garpunkt erreicht wird, die Hitze reduzieren, die Butter in die Pfanne geben, etwas Zitronensaft einträufeln und den Fisch darin fertig garen.

- Die geschmolzenen Raritäten-Paradeiser in einem Metallring anrichten und mit der sämigen Sauce überziehen. Den Waller dazulegen, vom Tatar Nocken formen und auf dem Teller platzieren. Die halbgetrockneten Cherryparadeiser darüber verteilen und mit Schnittlauch garnieren.

Martin Flicker führt seinen Gemüsebetrieb bereits in dritter Generation. In zwei großen Gewächshäusern vor Wien baut er gemeinsam mit Gattin Andrea ausschließlich **Gurken** an – Hauptsache Grün.

Die Leidenschaft zum Gemüse und besonders für die Paradeiserpflanze wurde **Stefan Bauer** in die Wiege gelegt. Aus einer Gärtnerfamilie stammend, gründete er 1999 seinen eigenen Betrieb. Die **Paradeiser** haben es ihm besonders angetan, vor allem den kleineren Sorten schenkt er große Aufmerksamkeit.

Alexandra Palla ist vieles: kreative Designerin, herzliche Köchin und erfolgreiche Kochbuchautorin. Sie ist aber vor allem eines ... Wienerin durch und durch! Sie gehört zum Wiener Thum-Schinken Clan und hat Kochen quasi in ihrer DNA. Sie ist immer gut gelaunt und sprüht nur so vor Charme und Humor. Außerdem versteht es die Palla perfekt, Tradition und Moderne der Wiener Küche zu verbinden und neu zu interpretieren. Wir haben uns kennengelernt und waren uns gleich sympathisch. Ich hoffe, dass diese Freundschaft ewig währt – nicht nur, weil Alexandra Palla so gut kochen kann, sondern weil es mit ihr immer etwas zu lachen gibt.

Silvia kocht

... mit Alexandra Palla

Focaccia „Blumenwiese"

Zutaten für 1 Backblech:

Teig

250 g mehlige Kartoffel ● 25 g Trockengerm ● 1 EL brauner Zucker
150 ml lauwarmes Wasser ● 450 g Universalmehl
4 EL Olivenöl ● 1 TL Salz

Belag

1 roter Paprika ● 2 Tomaten
1 Stangensellerie ● Mangold
1 Jungzwiebel ● Petersillie
gemahlener Mohn ● grobes Salz ● Olivenöl

Zubereitung:

- Für den Teig zunächst die Kartoffel in Salzwasser weichkochen. Etwas auskühlen lassen, schälen und mit einer Gabel zerdrücken.
- Germ mit braunem Zucker im lauwarmen Wasser auflösen. Dann mit Mehl, Kartoffeln, Olivenöl und Salz zu einem geschmeidigen Teig kneten.
- Teig zu einer Kugel formen, mit Mehl bestauben und zugedeckt an einem warmen Ort 1 Stunde gehen lassen.
- Paprika, Tomaten, Stangensellerie, Mangold, Jungzwiebel und Petersille je nach Vorstellung schneiden.
- Das Backrohr auf 200 °C vorheizen.
- Den Teig auf der leicht bemehlten Arbeitsfläche auf Backblechgröße ausrollen und dann auf ein mit Backpapier belegtes Backblech heben.
- Das geschnittene Gemüse gemeinsam mit dem gemahlenen Mohn in eine Art Blumenwiese auf den Teig auflegen. Zuletzt Salz und Olivenöl darübergeben.
- Nun die Focaccia ca. 25 Minuten bei Ober- und Unterhitze backen.

Osterschinken im Briocheteig mit sommerlicher Blitzmayonnaise

Zutaten für 4 Personen:

Osterschinken

140 ml Milch • 75 g weiche Butter • 25 g Kristallzucker • 4 g Salz

330 g glattes Mehl • 1 Pkg. Trockengerm • 4 Eidotter

600 g Schinken im Ganzen • 1 Ei

Sommerliche Blitzmayonnaise

1 Ei • 1/4 l Sonnenblumenöl • Senf • Salz, Pfeffer

3 EL Essiggurkerlwasser • 100 g Sauerrahm

2 EL Schnittlauch, fein geschnitten

Zubereitung:

- Die Milch vorsichtig erwärmen, nicht kochen. Butter, Zucker und Salz darin auflösen und mit dem mit dem Germ vermischten Mehl und den Eidottern gut verkneten. Den Teig an einem warmen Ort rasten lassen. Er soll sein Volumen verdoppeln. Inzwischen das Backrohr auf 180 °C vorheizen.

- Danach den Teig noch einmal kneten und auf einer bemehlten Arbeitsfläche ca. 5 mm dick ausrollen. Den Schinken darauflegen und in den Teig einschlagen. Überschüssigen Teig wegschneiden. Den Schinken so auf ein mit Backpapier belegtes Backblech heben, dass die Teigöffnung nach unten schaut. Mit einem versprudelten Ei bestreichen und je nach Wunsch mit dem restlichen Teig etwas dekorieren. Im Backrohr solange backen, bis der Teig eine schöne goldbraune Farbe bekommt.

- Inzwischen für die Mayonnaise Ei, Öl, Senf, Salz, Pfeffer und Essiggurkerlwasser in ein hohes Gefäß geben und den Stabmixer am Boden ansetzen. Mit leichten Aufwärtsbewegungen ca. 30 Sekunden emulgieren – fertig! Mit Sauerrahm und frisch geschnittenem Schnittlauch verfeinern.

Jürgen Vsetecka ist der selbsternannte Chief of Sugar Österreichs und das ist gut so, denn nur wenige kommunizieren Süßes so gekonnt wie er und mit derart großer Leidenschaft. Auf meine Bitte hin hat er eine österliche Pavlova gemacht und sie war ein Gedicht. Pure Poesie sogar! Cremig-zarte weiße Cumuluswölkchen, die auf der Zunge zergehen, in verliebtem Tanz mit Himbeeren, Erdbeeren und Heidelbeeren. Ich konnte nicht aufhören, davon zu naschen.

Silvia kocht

... mit Jürgen Vsetecka

Österliche Pavlova

Zutaten für 1 großes Pavlova-Ei:

4 Eiklar

200 g Staubzucker

Mark einer Vanilleschote

2 TL Stärke

1 TL Essig

500 ml Schlagobers

Eierlikör und Beeren nach Belieben

Staubzucker

Zubereitung:

- Das Eiklar aufschlagen. Den Staubzucker nach und nach einschlagen. Ist der Schnee schön cremig steif, wird das Vanillemark hinzugefügt, die Stärke eingerührt und der Essig eingemengt.
- Das Backrohr auf 130 °C vorheizen.
- Auf einem mit Backpapier belegten Backblech mithilfe eines Dressiersacks eine ovale, innen hohle Eihälfte dressieren und dabei darauf achten, dass ein sauberer Rand entsteht.
- Im Backrohr mindestens 1 Stunde backen – dann auskühlen lassen.
- Obers aufschlagen und vorsichtig den Eierlikör nach Belieben einrühren. Schlagobers in der Pavlova verteilen, die durch den Rand eine Vertiefung aufweist. Mit Beeren und Zucker ausdekorieren.

Charlotte Körtevélyessy arbeitet bei **Babette's** Am Hof in Wien, ein Geschäft voll mit Kochbüchern und Gewürzen. Mittags bekommt man hier hervorragende Suppen und Eintöpfe serviert. Besonders gemütlich ist es bei Babette's um die Weihnachtszeit, denn dann ist es eine Oase der Ruhe und Entspannung, wo die Uhren automatisch langsamer ticken.

Zutaten für 4 Personen:

300 g trockene Linsen • 1 l Gemüsesuppe

500 ml frisch gepresster Orangensaft • 4 TL Fenchelsamen

300 g Tomaten, gehäutet und gewürfelt

6 Basilikumblätter • 1–2 EL Kristallzucker

20 ml frisch gepresster Zitronensaft • Meersalz

4 Knoblauchzehen • 4 EL Olivenöl

50 g schwarze Oliven ohne Stein • 1 TL Chilipulver

1–2 TL abgeriebene Schale einer Bio-Orange

evtl. 4 karamellisierte Orangenscheiben

evtl. 4 Zweige Rosmarin • evtl. 4 Kirschtomaten

Zubereitung:

- Linsen in einem Sieb gut abspülen und mit Gemüsesuppe, Orangensaft, Fenchelsamen und Tomaten kochen. Basilikum kurz vor Ende der Garzeit dazugeben. Mit Zucker, Zitronensaft und Salz würzen und kurz weiterköcheln lassen.
- Für das Topping den Knoblauch schälen und in Scheiben schneiden. Olivenöl in einer Pfanne erhitzen und den Knoblauch mit den Oliven darin leicht anbraten. Chilipulver und abgeriebene Orangenschale dazugeben und kurz mitbraten.
- Die Linsensuppe aufteilen und mit der Knoblauch-Oliven-Garnitur belegen. Nach Belieben mit je einer karamellisierten Orangenscheibe, einem Rosmarinzweig und einer Kirschtomate garnieren.

Linsensuppe mit Orange und schwarzen Oliven

Ivy's Pho ist dieses kleine, hippe Lokal, das in New York oder Los Angeles genauso seine Berechtigung hätte wie hier mitten in Wien. Urbanes Ambiente beim Interiordesign trifft klassisch vietnamesische Küche. Eine Pho ist genau das, was man an einem klirrend kalten Wintertag oder nach einer zu langen und ausgelassenen Feier essen möchte ...

Silvia kocht
... im Ivy's Pho

Pho

Zutaten für 4 Personen:

1,5 kg Rindsknochen mit Fleisch für die Suppe • 1 daumengroßes Stück Ingwer • 1 große Zwiebel • 2–3 Sternanis • 1–2 Zimtstangen • Salz, Pfeffer • 1–6 EL Fischsauce • 300 g Rinderfilet (alternativ Rinderhüfte oder Rumpsteak) • 150 g Hühnerfilet • 500 g Reisbandnudeln je 4–5 Stängel Thai-Basilikum, Minze und Koriander • 1 Bund Frühlingszwiebeln • 1 kleine Chilischote • 1–2 Bio-Limetten • Mungbohnensprossen

Zubereitung:

- Für die Suppe die Fleischknochen waschen und in einem großen Topf mit 2–3 l Wasser zum Kochen bringen.
- Ingwer und Zwiebel schälen, im Ganzen in einer Pfanne ohne Fett anrösten und anschließend zur Suppe hinzufügen.
- Das Ganze bei mittlerer Hitze mindestens 2 Stunden köcheln lassen.
- Anschließend den Sternanis und die Zimtstange(n) noch etwa 1 Stunde mitköcheln lassen, zwischendurch mit Salz und Pfeffer würzen.
- Nach 3–4 Stunden Fleischknochen und Gemüse herausnehmen. Das Suppenfleisch von den Knochen lösen und zur Seite stellen. Die Suppe noch einmal mit Salz, Pfeffer und Fischsauce abschmecken.
- Das Rinder- und das Hühnerfilet mit einem scharfen Messer in sehr feine Streifen schneiden und bereitstellen.
- Die Reisbandnudeln nach Packungsanleitung in Salzwasser kochen.
- Inzwischen Thai-Basilikum, Minze und Koriander waschen und trocken schütteln. Die Blätter abzupfen und klein hacken.
- Die Frühlingszwiebeln und die Chilischote in kleine Ringe schneiden.
- Die Limette heiß abwaschen und achteln. Die Mungbohnensprossen waschen.
- Die Reisbandnudeln, die Sprossen und das gekochte Suppenfleisch in eine große Schüssel oder einen tiefen Teller geben. Kräuter und Frühlingszwiebeln darauf verteilen. Anschließend die hauchdünnen Rinder- und Hühnerfiletscheiben dazugeben und alles mit der kochend heißen Suppe übergießen. So gart das Fleisch in der Suppe und wird ganz zart und rosa. Mit Limettenstücken und Chili-Ringen verfeinern.

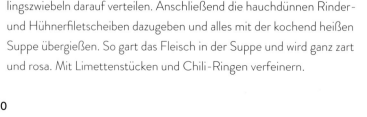

Christian Hemmer und ich haben uns durch seine Frau Eva kennengelernt. Die beiden hatten früher in den berühmten Rosenhügelstudios kulinarisch das Sagen, bevor das sympathische Paar sein eigenes Lokal eröffnet hat. Eva und Christian muss man einfach mogen und das nicht nur weil sie hunderte Geschichten aus der damaligen Film- und Fernsehstadt erzählen können, sondern auch weil ihnen stets ein Lachen ins Gesicht gezeichnet ist. Sie umarmen gedanklich jeden Gast, wenn er durch die Türe hineinspaziert, und sie lassen Hungrigen lange genug Zeit, um beim entspannten Essen zu sich selbst zu finden.

Silvia kocht
... mit Christian Hemmer

Birnensuppe

Zutaten für 4 Personen:

2 Zwiebeln

8 Birnen

40 g Butter

1 l Gemüsesuppe

Salz

Olivenöl

Tasmanischer Bergpfeffer

Thai-Basilikum

Zubereitung:

- Zwiebeln schälen und grob schneiden.
- Birnen ebenfalls schälen, entkernen und in grobe Stücke schneiden.
- Butter bei mittlerer Hitze aufschäumen lassen, Zwiebeln darin anschwitzen. Die Birnen dazugeben und dann schwenken. Suppe dazugießen und ca. 10 Minuten kochen lassen. Dann fein mixen und abschmecken.
- Die Suppe anrichten und mit Olivenöl, Tasmanischem Bergpfeffer und Thai-Basilikum garnieren.

Beef Tatar von der alten Milch-kuh im Schüttelbrotmantel

Zutaten für 4 Personen:

400 g Rindsnuss von der alten Kuh

Marinade

50 g Essiggurkerl • 50 g Zwiebeln • 20 g Kapern • 50 ml Olivenöl
Senf und Ketchup nach Bedarf • Salz, Cayennepfeffer

Panier

150 g Mehl • 2 Eier • 300 g geriebenes Schüttelbrot
Öl zum Frittieren

Krenmayonnaise

25 ml Milch • 25 g Sauerrahm • 30 ml Olivenöl
10 g Kren • 40 ml Sonnenblumenöl • Salz

Wildkräutersalat
Apfel-Balsamico-Essig

Zubereitung:

- Das Fleisch in sehr kleine Würfel schneiden.
- Für die Marinade des Tatars Essiggurkerl, Zwiebeln und Kapern fein schneiden bzw. hacken und mit den übrigen Zutaten sowie dem geschnittenen Fleisch mischen und abschmecken.
- Aus dem Tatar ca. 60 g schwere Knöderl formen. Diese in Mehl, Ei und Schüttelbrotbröseln panieren und in heißem Öl frittieren.
- Für die Krenmayonnaise Milch mit Sauerrahm verrühren und mit den übrigen Zutaten zu einer Mayonnaise mixen. Mit Salz abschmecken.
- Den Wildkräutersalat mit Apfel-Balsamico-Essig marinieren, auf Tellern anrichten, Tatarknöderl dazugeben und mit Krenmayonnaise garnieren.

Gebratene Maishendlbrust in Maronikruste auf cremigen Berglinsen

Zutaten für 4 Personen:

Hendlbrust

4 Maishendlbrüste mit Haut • Salz, Pfeffer

4 EL Olivenöl • 80 g Maroni • 80 g Haselnüsse

300 g Semmelbrösel

Berglinsen

2 Schalotten • 2 Knoblauchzehen • 4 EL Öl

400 g eingelegte Berglinsen • Salz, Pfeffer

4 EL Apfel-Balsamico-Essig • 250 ml Gemüsefond

Bohnenkraut • 2 TL Honig

Zubereitung:

- Maishendlbrüste würzen und in heißem Öl mit der Haut nach unten ca. 2 Minuten anbraten, einmal wenden.
- Maroni und Haselnüsse klein hacken.
- Brösel, Maroni und Haselnüsse in die Pfanne zu den Hendlbrüsten geben, kurz mitrösten und bei reduzierter Hitze garziehen lassen.
- Für die Linsen die Schalotten und den Knoblauch schälen und fein schneiden. Beides in heißem Öl anschwitzen.
- Die abgeseihten Linsen dazugeben, mit Salz und Pfeffer würzen. Mit Apfel-Balsamico-Essig ablöschen und mit Gemüsefond aufgießen.
- 3 Minuten köcheln lassen, dann das gerebelte Bohnenkraut dazugeben und mit Honig abschmecken.
- Die cremigen Linsen anrichten und die in den Maronibröseln geschwenkte Maishendlbrust darauflegen.

Toni Mörwald ist eine Instanz in der österreichischen Kochszene. Das liegt unter anderem auch an seinen vielen erfolgreichen Unternehmungen im Event- und Gastrobereich. Man denke nur an seine Kombination aus Menü und Zirkus im Palazzo.

Ich weiß nicht mehr, wo und wie ich Toni kennengelernt habe, aber er ist mir als Vertrauter stets zur Seite gestanden, hat mich beraten und in vielen Dingen in die richtige Richtung gelenkt. Das weiß ich sehr zu schätzen. Vor der Kamera ist Toni ein wahres Zirkuspferd ... er weiß ganz genau, was und wie er es tut und der Spaß kommt dabei nie zu kurz. Das macht einen guten Gastronomen aus. Er ist Netzwerker, Entertainer, Künstler und Vertrauter zugleich.

Silvia kocht
... mit Toni Mörwald

Velouté vom Sellerie mit gebackenem Wachtelei

Zutaten für 6 Personen:

Suppe

1 Knollensellerie · 1 Zwiebel · 20 g frischer Ingwer · 1 EL Honig
1 Chilischote · 250 ml Weißwein · 1 l Rind- oder Gemüsesuppe
250 ml Schlagobers · geräucherter Curry · 1 TL Ras el Hanout
1 EL Butter · Muskatnuss · Salz, Pfeffer

Gebackene Wachteleier

6 Wachteleier · Mehl zum Panieren · Salz, Pfeffer
Ei zum Panieren · Brösel zum Panieren · Fett zum Frittieren

18 Blüten (z. B. vom Borretsch)

Zubereitung:

- Für die Suppe Sellerie, Zwiebel und Ingwer schälen und fein schneiden. Anschließend in einer heißen Pfanne mit Honig leicht karamellisieren lassen.
- Fein gehackten Chili hinzufügen und mit Weißwein ablöschen. Einkochen lassen, mit Rindsuppe und Obers aufgießen und mit geräuchertem Curry und Ras el Hanout noch einmal etwas einkochen lassen.
- Die Suppe pürieren und mit einem Esslöffel kalter Butter mixen.
- Mit Muskatnuss, Salz und Pfeffer abschmecken.
- Für die gebackenen Wachteleier das Frittierfett auf 140 °C erhitzen.
- Inzwischen die Wachteleier 2 1/2 Minuten kochen, sodass sie innen noch weich sind, sofort mit kaltem Wasser gut abschrecken und anschließend schälen.
- Dann die Eier in Mehl, das mit einer Prise Salz und Pfeffer gewürzt wurde, drehen, weiters durch verquirltes Ei ziehen und anschließend in Semmelbröseln wälzen.
- Nun die panierten Eier im heißen Öl herausbacken und auf mehreren Lagen Küchenrolle abtropfen lassen.
- Die Suppe anrichten, die Wachteleier vorsichtig hineinlegen und die Suppe mit den Blüten garnieren.

Poke von Wagramer Lachsforellen

Zutaten für 4 Personen:

200 g Sushireis

2 Orangen

300 g Lachsforellenfilet ohne Haut

1 Chilischote

Pflücksalate

Marinade

3 EL Sojasauce

1 EL Erdnussöl

1 Knoblauchzehe, fein gehackt

Ingwer, frisch gerieben

1/2 Bund Frühlingszwiebeln, fein gehackt

Zubereitung:

- Sushireis 10 Minuten im Dampfkochtopf garen.
- Inzwischen die Orangen schälen und Orangenfilets herausschneiden. Den Rest der Orangen aufheben.
- Die Lachsforelle in Würfel schneiden.
- Für die Marinade Sojasauce, Erdnussöl, Knoblauch, Ingwer nach Belieben und Jungzwiebeln verrühren.
- Die Orangenreste über der Lachsforelle auspressen und die Fischwürfel anschließend mit fein gehacktem Chili verfeinern.
- Den gekochten Reis mit der Marinade in einer Schüssel vermengen, auf Tellern anrichten und die Lachsforelle, die Orangenfilets und einige Salatblätter darüber verteilen.

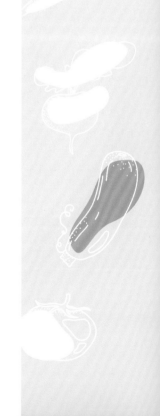

Szegediner Krautfleisch

Zutaten für 4 Personen:

Krautfleisch

400 g Schweinsschulter • 1 kg Weißkraut • 40 g Butter • Salz, Pfeffer

Paprikasauce

4–6 Schalotten • 3 Knoblauchzehen • 1 roter Paprika • 1 Chilischote
2 EL Waldhonig • 1 TL Kümmel, ganz oder gemahlen
1 EL geräuchertes Paprikapulver • 250 ml Grüner Veltliner
250 ml Rindsuppe • 125 ml Schlagobers • 20 g Ingwer

Garnitur

4 EL Sauerrahm • 1 Bund Schnittlauch, fein geschnitten

Zubereitung:

- Schweinsschulter in ca. 1 cm große Würfel schneiden.
- Weißkraut fein schneiden.
- Für die Paprikasauce die Schalotten und die Knoblauchzehen schälen und fein schneiden.
- Den Paprika halbieren, entkernen und in feine Streifen schneiden.
- Die Chilischote klein schneiden.
- Schalotten, Knoblauch, Paprika und Chili mit Honig und Kümmel in einem Topf erhitzen.
- Nach einigen Minuten das Paprikapulver einrühren und sofort mit Grünem Veltliner ablöschen.
- Mit Rindsuppe aufgießen, aufkochen lassen und mit einem Stabmixer fein pürieren.
- Anschließend mit Obers und fein gehacktem Ingwer verfeinern. In einen anderen Topf umgießen und auf die gewünschte Konsistenz einkochen lassen.
- Im ersten Topf das geschnittene Kraut in der Butter erhitzen und zusammenfallen lassen.
- Das Fleisch hinzufügen und das Ganze ca. 30 Minuten kochen lassen.
- Dann die Paprikasauce dazugeben, umrühren und mit Salz und Pfeffer abschmecken.

Das Szegediner Krautfleisch anrichten und mit je einem Löffel Sauerrahm und Schnittlauch garnieren.

Lydia Maderthaner bezeichnet sich selbst als Wirtshausköchin. Sie liebt die traditionelle, herzhafte österreichische Küche und in ihrem Lokal „Wirtshauskuchl" in Weistrach wird genau diese mit allem, was dazugehört, gelebt. Es macht große Freude, mit ihr kochen zu dürfen und jetzt mal unter uns – ohne einen Streit unter Österreichs Gastronomen heraufbeschwören zu wollen –, ihre Bratapfeltorte war die beste Apfeltorte, die ich bisher in meinem Leben gegessen habe.

Silvia kocht

... mit Lydia Maderthaner

Mostviertler Barbarieentenbrust auf Rollgerstenrisotto

Zutaten für 4 Personen:

Barbarieentenbrust

600 g Mostviertler Barbarieentenbrust • Olivenöl • Salz, Pfeffer
4 Zweige Rosmarin • 1 Schuss Rotwein • etwas Rind- oder Gemüsesuppe • Maisstärke zum Binden • Kirschtomaten • 4 Zweige Thymian

Rollgerstenrisotto

1 Zwiebel • 1 EL Olivenöl • 250 g Rollgerste • 125 ml Weißwein
1 l Rind- oder Gemüsesuppe • 125 ml Schlagobers
2 EL geriebener Hartkäse • Salz

Zubereitung:

- Das Backrohr auf 80 °C vorheizen.
- Barbarieentenbrust auf der Hautseite leicht einschneiden, salzen,
  pfeffern und in einer ofenfesten Pfanne in Olivenöl scharf anbraten.
  Kirschtomaten mitbraten und Rosmarin nur ganz kurz dazulegen, damit
  er nicht schwarz wird.
- Entenbrust in der Pfanne lassen und im Backrohr ca. 30 Minuten fertig
  garen. Nach dem Garen alles aus der Pfanne nehmen und warm stellen.
  Die Pfanne auf einer Herdplatte erhitzen, den Saftrückstand mit einem
  Schuss Rotwein aufgießen. Etwas Suppe mit Maisstärke glatt rühren, in
  die Pfanne gießen und zum Binden kurz aufkochen lassen. Zuletzt die
  Sauce abschmecken.
- Für das Risotto Zwiebel in feine Würfel schneiden und in Olivenöl
  anschwitzen. Gerste beigeben, kurz anschwitzen, mit Weißwein ablöschen und mit Suppe aufgießen. Gut 30 Minuten köcheln lassen –
  wobei nicht ständig gerührt werden muss. Zum Schluss mit Obers und
  Käse verfeinern und mit Salz abschmecken.
- Risotto auf Tellern anrichten. Aufgeschnittene Entenbrust darauflegen, Sauce daneben anrichten und mit Kirschtomaten und Thymian
  garnieren.

Bratapfeltorte

Zutaten für 1 Torte:

Mürbteig

250 g Universalmehl

130 g Butter

130 g Zucker

1 Ei

1 Prise Backpulver

Fülle bzw. Guss

5 größere Äpfel bzw. 7 kleinere

500 ml Schlagobers

250 ml Milch

130 g Zucker

1 1/2 Pkg. Vanillepuddingpulver

Zubereitung:

- Aus Mehl, Butter, Zucker, Ei und Backpulver einen Mürbteig kneten und diesen kurz abgedeckt im Kühlschrank rasten lassen.
- Währenddessen Äpfel schälen, entkernen und vierteln oder achteln.
- Das Backrohr auf 160 °C vorheizen.
- Für den Guss Obers, Milch, Zucker und Vanillepuddingpulver unter ständigem Rühren am Topfboden aufkochen lassen, dann vom Herd ziehen und noch ab und zu umrühren.
- Den Mürbteig ausrollen und die Tortenform damit auskleiden. Den Tortenboden mit Apfelspalten belegen. Den noch heißen Guss auf den Tortenboden gießen.
- Im Backrohr ca. 50 Minuten backen.
- Anschließend sollte die Torte mindestens 10 Stunden gekühlt werden. Sie eignet sich also perfekt zum Vorbereiten am Vortag.

David Sloboda regiert ganz fürstlich in der Marmeladenkuchl in Schloss Hof, in der Jagdküche in Schloss Niederweiden und in seinem eigenen Restaurant „Zum weißen Pfau". Selten habe ich einen so gemütlichen und herzlichen Koch erlebt. Er gehört quasi zum Schlossinventar.

Besonders aufregend war es, mit David Sloboda in der Jagdkuchl auf offenem Feuer zu kochen. Der Rauch hing in der Luft und darin brachen sich die Sonnenstrahlen, die – ganz vorlaut – durch das Fenster auch einen Blick auf den schmurgelnden Braten erhaschen wollten.

Silvia kocht
... mit David Sloboda

Besonders empfehlen will ich das nächste Rezept – vor allem wenn Sie es tatsächlich mit **Himbeeressig** anrichten. Unserer war von **Andrea Prenner-Sigmund** aus Markgrafneusiedl. Beim morgendlichen Spaziergang durch ihr Reich aus Beerensträuchern durfte ich sie begleiten und anschließend zusehen, wie sie aus den roten Beeren köstlichen Essig zubereitet.

Terrine vom Spargel, Knusperschinken, Karotten-Himbeer-Vinaigrette

Zutaten für 1 Terrine:

Terrine

260 g weißer Bruchspargel • Salz • etwas Staubzucker
1 Scheibe Weißbrot • etwas Zitronensaft • 1 Apfelspeigerl
120 g Topfen • 125 ml feste Béchamel • 8 Blätter Gelatine
125 ml Schlagobers

Karotten-Himbeer-Vinaigrette

100 g Karotten • 100 g Gelbe Rüben • 50 g Lauch
Himbeeressig oder anderen Frucht- bzw. Weinessig
Kräuter- oder Olivenöl • Salz, weißer Pfeffer • Staubzucker

Garnitur

70 g Wildrohschinken • Eierhälften, hart gekocht • Pflücksalate • bunte Spargelspitzen

Zubereitung:

- Bruchspargel mit Salz, Weißbrot, Apfel, Staubzucker und Zitronensaft weich kochen. Dann gut abtropfen lassen.
- Ausgekühlt mit Topfen und Béchamel sehr fein mixen. Eventuell noch durch ein Sieb streichen.
- Gelatine in kaltem Wasser einweichen, gut ausdrücken, in ganz wenig Wasser erwärmen und unter Rühren auflösen. Sofort mit etwas Spargelmasse glatt rühren und dann in die restliche Spargelmasse gründlich einrühren.
- Obers steif schlagen und kurz vor dem Stocken unterheben. Die Masse in eine Terrinenform füllen und zum Stocken kaltstellen.
- Inzwischen für das Dressing Karotten und Gelbe Rüben schälen, in sehr kleine Würfel schneiden oder fein reiben. Lauch ebenso fein schneiden. Das Gemüse mit Essig, Öl, Salz, Pfeffer und Zucker marinieren.
- Wildrohschinken im Backrohr bei 200 °C und Grillfunktion knusprig rösten.
- Terrine stürzen und in Scheiben schneiden.
- Spargelterrinenscheiben fächerartig anrichten. Mit Eihälften, Salat und Spargelspitzen garnieren und mit Marinade beträufeln. Knusperschinken darauflegen.

Rehkeule in Orangensauce mit Grießschmarren

Zutaten für 4 Personen:

Rehkeule

200 g Suppengemüse • 1 kleine Zwiebel

2 Bio-Orangen • 800 g Rehkeule • Öl

1 EL Tomatenmark • 250 ml Orangensaft

500 ml Rotwein • 750 ml Rindsuppe oder Wildfond

Salz • Pfefferkörner • Lorbeerblatt • Pimentkörner

Senfkörner • Wacholderbeeren • evtl. 125 g Sauerrahm

evtl. 50 ml Orangensaft • evtl. 2 EL glattes Mehl

8 Zweige blühender Thymian

Grießschmarrn

500 ml Milch • 20 g Butter • Salz

Muskatnuss, gerieben • 170 g Weizengrieß

2 Eier • Öl • Butterschmalz

Zubereitung:

- Suppengemüse und Zwiebel schälen und klein schneiden.
- Orangen schälen und vierteln.
- Die geputzte Rehkeule in heißem Öl rundum scharf anbraten. Dann herausnehmen und im Bratrückstand das geschnittene Suppengemüse samt Zwiebel und Orangenvierteln anrösten. Tomatenmark hinzufügen und mitrösten, bis es seine rote Farbe verloren hat.
- Mit Orangensaft und Rotwein ablöschen, etwas einkochen lassen und dann mit Suppe oder Fond aufgießen.
- Gewürze – am besten in einem Tee-Ei – hinzufügen und die Sauce aufkochen lassen.
- Die Rehkeule darin weich dünsten.
- Inzwischen für den Grießschmarrn Milch, Butter und Gewürze aufkochen. Grieß unter ständigem Rühren hinzufügen. Hitze stark reduzieren und gut ausdünsten lassen. Zuletzt die versprudelten Eier zügig einrühren und etwas anziehen lassen.

- Die Grießmasse ca. 1 cm dick auf ein leicht geöltes Backblech streichen und erkalten lassen.
- Die Rehkeule wieder aus der Sauce nehmen, parallel zum Knochen in Scheiben schneiden und warm stellen. Die Sauce durch ein Sieb passieren und eventuell mit einer glatt gerührten Mischung aus Sauerrahm, Orangensaft und Mehl binden.
- Die kalte Grießmasse in ungleichmäßige Stücke schneiden und diese beidseitig in reichlich heißem Butterschmalz goldbraun rösten.
- Rehscheiben anrichten, Sauce und Grießschmarrn dazugeben und mit Thymian garnieren.

Weinnockerl Seiner Majestät

Zutaten für 4 Personen:

Weinnockerl

3 Eier • 60 g Kristallzucker • 60 g Semmelbrösel

1 EL Ouzo • 1 Bio-Zitrone • 1 Prise Zimt

130 g geriebene Mandeln • Butterschmalz

Gewürzwein

500 ml Wein (vorzugsweise Grüner Veltliner)

4 EL Honig • Zimt, gerieben • Nelken, gerieben

Piment, gerieben • Macisblüte, gerieben

Marinierte Himbeeren

250 g Himbeeren • 3 EL Staubzucker • 30 ml Orangensaft

Zubereitung:

- Für die marinierten Himbeeren die Beeren mit Zucker und Orangensaft vermengen und ziehen lassen.
- Für die Nockerl die Eier trennen.
- Zucker mit Dotter schaumig rühren, Semmelbrösel, Ouzo, abgeriebene Zitronenschale und Zimt einrühren.
- Eiweiß zu festem Schnee schlagen und unter die Dottermasse heben. Mandeln vorsichtig unterheben.
- Mit einem nassen Esslöffel Nockerl abstechen und in reichlich nicht zu heißem Butterschmalz ausbacken.
- Parallel dazu den Wein mit Honig und den Gewürzen aufkochen und etwas einkochen lassen.
- Die noch heißen Nockerl anrichten, langsam mit dem Gewürzwein übergießen und mit den marinierten Himbeeren garnieren.

Marillenblüte im Weinviertel: bestimmt einer meiner schönsten Drehorte bei „Silvia kocht". Wir haben einen glasklaren Tag erwischt, allerdings mit schneidend kalter Luft. In der Sonne war es trotzdem herrlich. Ich werde nie vergessen, wie schön der Spaziergang zwischen den weiß und hellrosa blühenden Marillenbäumen mit dem anschließenden Picknick mit Landwirt **Wolfgang Hackl** war. Es gab **Marillenmarmelade** – frisch aus dem Glas – und dazu köstlichen, selbst gebrannten **Marillenschnaps.** Wer es mir gleichtun möchte ... die Marillengärten von Wolfgang Hackl kann man mieten, um dort zu spazieren, zu picknicken oder was Ihnen sonst noch unter blühenden Bäumen zu tun einfällt.

In der **Pralinenmanufaktur Zart** kreieren **Marieke und Emile Wijne** Glücksgefühle aus frischen Zutaten. Im Jahr 2011 hat sich das holländische Ehepaar im Weinviertel niedergelassen, um hier zu leben und gemeinsam die Welt mithilfe der Kakaobohne ein wenig süßer zu machen. Ihre Pralinen sind köstlich und das Café bei ihrer Produktion lädt im wahrsten Sinne zu süßen Stunden.

Herwig Pecoraro (hier mit seinem Sohn) ist Opernsänger. Er ist aber auch das, was man heutzutage als „Foodie" bezeichnen würde. Er liebt das Essen, die Kulinarik, die Produkte. Seine Küche ist ein Schrein für frische Zutaten und seine Herzlichkeit beim Kochen ist umwerfend. Sein selbstgemachter **Aceto balsamico** reift in alten Fässern in einer Scheune neben seinem Wohnhaus. Ich habe noch nie süßeren Essig probiert. Er zergeht auf der Zunge wie Sirup und ist das i-Tüpfelchen auf der feinen Tagliata.

Zutaten für 4 Personen:

4 Koteletts vom Duroc-Schwein
Salz, Pfeffer • 150 g Rucola
4 EL Olivenöl • 2 EL Aceto
balsamico Pecoraro (gereifter
Balsamico) • 8 Cherrytomaten
2 Eier, hart gekocht
40 g Pinienkerne • 40 g Parmesan
2 EL Aceto balsamico Pecoraro
(gereifter Balsamico)

Zubereitung:

- Das Backrohr auf 120 °C vorheizen.
- Koteletts salzen, pfeffern und von beiden Seiten scharf anbraten – 2 Minuten auf jeder Seite. Danach 10 Minuten im Backrohr ruhen lassen.
- Das Fleisch herausnehmen und weitere 5–10 Minuten in Alufolie gewickelt ziehen lassen.
- Inzwischen den Rucola zuerst mit dem Olivenöl gut marinieren, dann mit dem gereiften Balsamicoessig. Salzen und pfeffern nach Geschmack.
- Pinienkerne trocken in einer heißen Pfanne rösten, bis sie duften.
- Parmesan hobeln.
- Koteletts von den Knochen lösen. Fleisch in Streifen schneiden (auf Italienisch Tagliata genannt).
- Rucola auf Tellern verteilen, Tagliata darauf anrichten und mit halbierten Cherrytomaten und hart gekochten Eiern garnieren.
- Zum Schluss mit Parmesanhobeln und Pinienkernen bestreuen und mit Aceto balsamico beträufeln.

Tagliata vom Duroc-Schwein auf Rucolasalat mit gereiftem Balsamico

Laurent Amon ist Koch in bereits fünfter Generation und arbeitet im Restaurant seiner Mutter Ulli Amon-Jell im gleichnamigen Gasthaus am Hohen Markt in Krems. Sein Ururgroßvater Josef übernahm 1897 das Wirtshaus und seither wird es von Generation zu Generation weitergegeben. Heute ist es ein sehr angesehenes Lokal in Krems, bekannt für traditionelle Gerichte mit dem individuellen gewissen Etwas. Neben einer eigenen Genussfleischerei machen viele selbstgemachte Produkte wie beispielsweise Brennnesselpesto das Restaurant besonders beliebt.

Silvia kocht

... mit Laurent Amon

Ziegenfrischkäse mit Kürbis-Chili-Chutney und Radicchiosalat

Zutaten für 4 Personen:

Kürbis-Chili-Chutney

1 kg Kürbis • 125 ml Weißweinessig • 125 ml Weißwein

400 g Kristallzucker • Saft von einer Zitrone • Salz • 1 Zimtrinde

500 g Zwiebel • 2 EL Öl • Chilischote(n)

Radicchiosalat

150 g Crème fraîche • 1 EL Weißweinessig • 1 EL Honig

3 EL Olivenöl • 1 EL körniger Dijonsenf • 2 EL Orangensaft

Salz, Pfeffer • 2 kleine Radicchio

Ziegenfrischkäse

750 g Frischkäserolle • brauner Zucker

Zubereitung:

- Für das Kürbis-Chili-Chutney den Kürbis schälen, entkernen und in feine Würfel schneiden.
- Weißweinessig, Weißwein und 500 ml Wasser mit Zucker, Zitronensaft, Salz und Zimtrinde aufkochen lassen.
- Zwiebeln schälen, fein schneiden und in heißem Öl anbraten. Dann mit dem Sud aufgießen, Kürbiswürfel hinzufügen und das Ganze etwas einkochen lassen. Je nach gewünschtem Schärfegrad gehackte Chilischoten dazugeben. Noch heiß in sterilisierte Gläser füllen und sofort gut verschließen – das Chutney passt auch gut zu Gegrilltem, Huhn und Paniertem.
- Für den Salat alle Zutaten außer dem Radiccio gut vermischen und unter den in Streifen geschnittenen bzw. in Stücke gerissenen Salat mischen.
- Ziegenfrischkäserolle in dicke Scheiben schneiden.
- Salat und Chutney anrichten und die Ziegenkäsescheiben darauf drappieren. Braunen Zucker über den Käse streuen und mit einem Bunsenbrenner karamellisieren.

Ganslgröstl

Zutaten für 4 Personen:

500 g Kartoffeln

1 kleine Zwiebel

Ganslfleischreste

20 ml Öl

Salz, Pfeffer

Majoran

4 Frühlingszwiebeln

1 Bund Petersilie, gehackt

Zubereitung:

- Kartoffeln kochen, schälen und grob in Scheiben schneiden.
- Zwiebel schälen und fein schneiden.
- Ganslfleischreste klein schneiden.
- Kartoffeln und Zwiebel in heißem Öl anrösten, Ganslfleisch dazugeben und mitrösten. Würzen und bis zum gewünschten Grad rösten.
- Inzwischen die Frühlingszwiebel in feine Ringe schneiden. Die Petersilie abzupfen und fein hacken
- Frühlingszwiebeln und Petersilie unter das Gröstl mischen.

Ideal für die Reste-
küche nach einem
Gänsebraten

Thomas Dorfer hat sich im Landhaus Bacher nicht nur als ausgezeichneter Koch bewiesen, sondern auch als wunderbarer Schwiegersohn der Grande Dame der österreichischen Küche, Lisl Wagner-Bacher. Gemeinsam mit seiner Frau Susanne und seiner Schwägerin Christina führt er den Familienbetrieb weiter und zusammen sorgen sie stets für beste Qualität und eine ausgefallene Speisekarte. 2009 wurde der zweifache Vater vom Gault & Millau zum Koch des Jahres ernannt. „Eine zeitgemäße, kreative Küche, mit besten Produkten perfekt zubereitet, ist modern genug", lautet sein Credo.

Silvia kocht
... mit Thomas Dorfer

Des Kaisers überbackene Schinkenfleckerl

Zutaten für 4 Personen:

150 g Fleckerl

250 g Beinschinken

40 g weiche Butter

40 g Semmelbrösel

4 Eiklar

250 g Sauerrahm

250 ml Schlagobers

4 Eidotter

1 Ei

40 g geriebener Bergkäse oder Emmentaler

2 EL Zwiebelconfit

60 g Brösel von entrindetem Weißbrot

1 EL Petersilie, gehackt

Salz, Pfeffer

Muskatnuss, gerieben

Zubereitung:

- Die Fleckerl in Salzwasser bissfest kochen. Dann sofort mit kaltem Wasser abschrecken und abtropfen lassen.
- Das Backrohr auf 175 °C vorheizen.
- Den Beinschinken in Fleckerlgröße schneiden.
- Eine Auflaufform mit Butter befetten und mit Bröseln bestreuen.
- Eiklar zu Schnee schlagen.
- Sauerrahm, Obers, Dotter und das Ei glatt rühren. Bergkäse, Zwiebelconfit, gekochte Fleckerl, Schinken, Brösel und Petersilie untermischen und das Ganze mit Salz, Pfeffer und Muskatnuss würzen.
- Zuletzt den Schnee unterheben und die Schinkenfleckerl 14 – 16 Minuten backen.

Schokoladenkuchen mit glasierten Kirschen

Zutaten für 1 Tortenform (ø 30 cm):

Schokoladenkuchen

9 Eier • 250 g weiche Butter • 250 g Kristallzucker

250 g Bitterschokolade (70 %, z. B. Guanaja) • Butter für die Tortenform

Kristallzucker für die Tortenform • 2 EL Schokoladenspäne

Glasierte Kirschen

2 EL Kristallzucker • 125 ml roter Portwein • 500 ml Kirschsaft

Saft von einer halben Zitrone • 200 g Kirschen

Zubereitung:

- Das Backrohr auf 160 °C vorheizen.
- Die Eier trennen.
- Die Butter mit 200 g Zucker schaumig rühren. Zerlassene, nicht zu warme Schokolade dazugeben und die Dotter einzeln einrühren.
- Das Eiklar mit dem restlichen Zucker zu Schnee schlagen. Zuerst nur ein Drittel der Schokolademasse unter den Schnee heben, dann das zweite Drittel und das dritte Drittel für später aufheben.
- Die Schnee-Schokolade-Masse in eine befettete und mit Zucker ausgestreute Tortenform füllen und 35–40 Minuten backen (Probe mit einem Holzstäbchen). Die Masse geht auf und fällt wieder zusammen, weil kein Mehl dabei ist. Den Kuchen auskühlen lassen.
- Das übrige Drittel der Schokolademasse auf den Kuchen streichen, gut kühlen und mit Schokoladenspänen bestreuen.
- Für die glasierten Kirschen den Zucker bernsteinfarben karamellisieren lassen. Dann mit Portwein und Kirschsaft ablöschen, Zitronensaft hinzugeben und auf 100 ml einkochen.
- Die Kirschen halbieren, entsteinen und mit der ausgekühlten Glasur vermengen.
- Jedes Kuchenstück mit einigen Kirschen und etwas Sirup anrichten.

Es macht besonders große Freude, mit **Alain Weissgerber** zu kochen: Einerseits wegen seiner charmant französischen Art, die auf seine Herkunft zurückzuführen ist – Alain kommt aus dem Elsass, andererseits weil er ein absoluter Familienmensch ist und nicht müde wird, seine Frau zu loben und über seine Kinder zu sprechen. Das gefällt mir. In der Küche ist er Perfektionist und hat mir viel über das Kochen beigebracht. Probieren Sie unbedingt den Rahmschmarrn mit Zucchini und Paradeiser. Er ist … très bon!

Silvia kocht

... mit Alain Weissgerber

Mit Blunzen gefüllter Spitzpaprika und Süßerdäpfel-Nage

Zutaten für 4 Personen:

Gefüllte Paprika

300 g Blunzen • 1 Schalotte • 1 Knoblauchzehe • 4 Spitzpaprika
1 EL Olivenöl • Salz, Pfeffer • 4 Zweige Majoran

Süßerdäpfel-Nage (Süßkartoffel im Würzsud)

1 Süßkartoffel • 1 Schalotte • 1 Knoblauchzehe • 30 g Butter
1 Schuss Weißwein • 125 ml Gemüsefond oder -suppe
1 Lorbeerblatt • Salz, Pfeffer • 1 Schuss Essig

2 Zweige Majoran • Lauchöl (aus dem Fachhandel)

Zubereitung:

- Für die gefüllten Paprika die Blunzen häuten und in Würfel schneiden. Schalotte schälen und fein schneiden. Knoblauch schälen und klein schneiden.
- Das Backrohr auf 180 °C vorheizen.
- Die Stiele mit einem Deckel von jedem Spitzpaprika abschneiden und die Paprika innen säubern. Olivenöl erhitzen und Schalotte, Blunzen und Knoblauch anrösten. Kurz schwenken. Mit Salz und Pfeffer würzen und mit abgerebeltem Majoran abschmecken.
- Die Spitzpaprika mit der Blunzenmasse füllen und in einer befetteten Form ca. 20 Minuten im Backrohr weich garen.
- Für das Süßerdäpfel-Nage die Süßkartoffel schälen und in Würfel schneiden.
- Schalotte und Knoblauch ebenfalls schälen und klein schneiden. Beides in erhitzter Butter anschwitzen, mit Weißwein ablöschen und einkochen lassen. Den Gemüsefond, die Süßkartoffelwürfel und das Lorbeerblatt hinzufügen. Dann das Ganze mit Salz und Pfeffer würzen und 10 Minuten weich dünsten. Zuletzt mit einem Schuss Essig abschmecken.

Die geschmorten Paprika auf dem Süßerdäpfel-Nage anrichten und mit Majoran und dem grünen Lauchöl garnieren.

Soufflierter Rahmschmarren mit Zucchini und Paradeiser

Zutaten für 4 Personen:

Rahmschmarrn

160 g glattes Mehl • 380 g Sauerrahm • 6 Eidotter

2 Eier • 1 EL Rum • Mark einer Vanilleschote • 6 Eiklar

300 g Staubzucker • 40 g Butter • 40 g Kristallzucker

Zucchini und Paradeiser

300 g Zucchini • 300 g gemischte Rispentomaten

40 g Kristallzucker • 40 g Honig • 40 g Butter

1 Schuss Zitronensaft • 4 Zweige Thymian

Zubereitung:

- Das Backrohr auf 210 °C vorheizen.
- Für den Schmarrn Mehl, Rahm, Dotter, Eier, Rum und Vanillemark glatt rühren.
- Eiklar mit Staubzucker aufschlagen und unter die Schmarrnbasis heben.
- Die Masse in eine bebutterte und mit Kristallzucker bestreute ofenfeste Form geben und 12–15 Minuten backen.
- Parallel dazu die Zucchini in kleine Stücke schneiden. Bei den Tomaten die Haut kreuzweise einritzen und sie dann ganz kurz in kochendes Wasser geben, herausnehmen und sofort kalt abschrecken. Nun die Haut abziehen.
- Zucker, Honig und Butter für die Zucchini und Paradeiser leicht karamellisieren lassen. Mit Zitronensaft und einem Schuss Wasser ablöschen. Zucchini und Paradeiser darin kurz kochen lassen und sofort kalt stellen.
- Nach dem Backen den Rahmschmarrn mit Staubzucker bestreuen. Die Zucchini und Paradeiser anrichten und mit Thymian garnieren.

Von der prachtvollen Residenz Esterházy in Eisenstadt kann man zu Fuß das sogenannte Kulinarium erreichen: eine Markthalle voll mit heimischen Köstlichkeiten. Egal, ob vorzüglicher Speck vom Mangaliza-Schwein, auf Kaffeesud gezüchtete Austernpilze oder knuspriges Brot frisch aus der Backstube. Hier startet man im Vorbeischlendern kulinarisch ins bevorstehende Wochenende, zum Beispiel bei **Perschfisch. Patrick Perschy** ist gelernter Chemiker und hat aus der Liebe zu seinem Hobby, dem Fischen, einen Beruf gemacht.

Zutaten für 4 Personen:

500 g Sushireis • 200 ml Reisessig • 100 g Zucker • 10 g Salz • Wasabipaste
200 g fangfrisches Zanderfilet ohne Haut, in Streifen geschnitten
200 g Räucheraal, in Stücke geschnitten • 200 g geräucherter Wels, in Streifen
geschnitten • 2–3 Nori-Blätter • 1 roter Paprika, in Streifen geschnitten
Kresse • Sojasauce • eingelegter Ingwer

Zubereitung:

- Sushireis abspülen und in 1 l Wasser aufkochen. Vom Herd ziehen und
  ca. 15 Minuten zugedeckt quellen lassen. Danach noch ca. 10 Minuten offen
  ausdampfen lassen. Dann in eine Schüssel füllen.
- Reisessig erhitzen, Zucker und Salz hinzufügen. Diese Mischung unter den
  heißen Reis heben. Kalt weiter verwenden.
- Für die Nigiri aus dem Sushireis mit nassen Händen kleine Reisschiffchen formen.
  Die Hände immer wieder befeuchten, damit der Reis nicht klebt. Die Schiffchen
  nach Geschmack mit Wasabi bestreichen. Zanderstreifen und Aalstücke auf die
  bestrichenen Schiffchen legen. Die Aalstücke jeweils mit einem zugeschnittenen
  Nori-Streifen umwickeln. Überlappungen befeuchten und fxieren.
- Für die California-Rolls ein Nori-Blatt auf eine in Frischhaltefolie gewickelte
  Bambusmatte legen. Die Hälfte davon dünn mit Reis bestreichen und andrücken. Den Rest des Nori-Blattes wegschneiden. Das Blatt wenden, sodass der
  Reis unten ist. In der Mitte des Nori-Blattes Paprika und Wels der Länge nach
  auflegen und mithilfe der Bambusmatte einrollen und festdrücken. Die Rolle in
  ca. 2 cm breite Stücke schneiden und garnieren.
- Nigiri und geschnittene California-Rolls anrichten und mit Sojasauce und ein-
  gelegtem Ingwer servieren.

Pannonisches Sushi

Der Dreh im Seewinkel war purer Genuss: die flache Landschaft, die Abendsonne über dem stillen Warmsee und die Büffelherden im Nationalpark. Hier hatte ich einen besonders netten Abend mit meinem Filmteam. Wir haben uns kurzerhand entschlossen, noch ein paar Aufnahmen des glühenden Sonnenuntergangs über dem Warmsee zu machen und das, obwohl uns der Hausherr der **Residenz Velich** zuvor ausgiebig mit seinem köstlichen Wein verwöhnt hat. Sie können sich vorstellen, wie lustig dieser Dreh war und wie gut das deftige Wasserbüffelfilet am nächsten Tag geschmeckt hat.

Silvia kocht

... in der Residenz Velich

Wasserbüffelfilet mit Spitzpaprikarose, Ingwer-Radieschen-Coleslaw und Brateerdäpfeln

Zutaten für 4 Personen:

Ingwer-Radieschen-Coleslaw

200 g Radieschen (ca. 16 Stück) • 2 kleine Ingwerknollen

1 EL Mayonnaise • 1 EL griechisches Joghurt • 1 TL Olivenöl

1 Weiße-Balsamico-Schalotte (eingelegte Schalotte)

1 Bio-Zitrone • Salz

Spitzpaprikarose

2 gelbe oder weiße Spitzpaprika • Olivenöl • Zitronenpfeffer

Kräuter-Condiment (Kräuterwürzsauce)

1 TL fein gewürfelter Ingwer • je 4 Blätter Zitronenverbene und Zitronenmelisse • 4 EL Olivenöl • 1 EL Honig • Salz, Pfeffer • Tomatenessig

Steaks, Braterdäpfel und Garnitur

4 Büffelsteaks vom Filet à 200 g • Öl • Salz, Pfeffer • 4 Kartoffeln
Meersalz • 2–3 Radieschen

Zubereitung:

• Für den Coleslaw die Radieschen und den Ingwer hobeln, danach auf
  zwei Lagen Küchenrolle leicht entwässern lassen. Mayonnaise, griechisches Joghurt, Olivenöl, fein geschnittene Balsamico-Schalotte und
  abgeriebene Zitronenschale für das Dressing verrühren und mit Salz
  abschmecken.

• Spitzpaprika halbieren, von den Kernen befreien und dann noch einmal
  längs halbieren. Mit Olivenöl und Zitronenpfeffer würzen. Im Backrohr
  bei 220 °C und Grillfunktion so lange braten, bis sie weich sind. Dann
  warm halten.

• Die Temperatur im Backrohr auf 170 °C reduzieren.

- Für das Kräuter-Condiment Ingwer, Zitronenverbene und Melisse in einem Mörser so lange mit Olivenöl und Honig bearbeiten, bis eine cremig-glatte Sauce entsteht. Diese mit Salz, aromatischem Pfeffer und Tomatenessig abschmecken.
- Die Büffelsteaks beidseitig in heißem Öl scharf anbraten, salzen, pfeffern und im vorgeheizten Backrohr bei 170 °C bis zu einer Kerntemperatur von 55 °C garen. Anschließend ca. 10 Minuten rasten lassen.
- Die Kartoffeln waschen, längs vierteln, danach quer in Stücke schneiden und diese frittieren, bis sie leicht knusprig sind. Danach abtropfen und kurz stehen lassen. Erneut frittieren, bis die Kartoffeln eine schöne Farbe haben. Zuletzt mit Meersalz würzen.
- Die abgetropften Radieschen-Ingwer-Hobel mit dem angerührten Dressing verrühren, in Schalen geben und mit frisch gehobelten, hauchdünnen Radieschenscheiben belegen. Die Steaks und die Spitzpaprikarosen auf Tellern anrichten und mit dem Kräuter-Condiment beträufeln. Die Braterdäpfel extra servieren.

Zucchini-Walnuss-Kuchen mit Zucchinikompott

Zutaten für 1 Kastenform:

Kuchen

250 g Zucchini • 175 g griffiges Mehl • 1 Prise Natron

2 TL Backpulver • 1 Prise Lebkuchengewürz • 175 g weiche Butter

175 g Kristallzucker • 3 Eier • 85 g gemahlene Walnüsse • Salz

100 g griechisches Joghurt • 1 EL Honig • 2 Bio-Zitronen

Zitronenglasur

200 g Staubzucker • Saft von einer großen Zitrone

Zitronenverbene

Zucchinikompott

1 Zucchini • 1 Bio-Zitrone • 250 g Kristallzucker

6 Gewürznelken • 1 Zimtstange

Zubereitung:

- Das Backrohr auf 180 °C vorheizen.
- Für den Kuchen Zucchini hobeln und gut abtropfen lassen oder noch besser: Die gehobelten Zucchini zwischen zwei mit Küchenrolle abgedeckten Tellern auspressen.
- Mehl, Natron, Backpulver und Lebkuchengewürz sieben.
- Butter mit Zucker schaumig rühren. Unter ständigem Mixen die Eier nach und nach einrühren.
- Die gesiebten Zutaten, die Walnüsse und eine Prise Salz einrühren.
- Griechisches Joghurt, Honig, abgeriebene Zitronenschale und den Saft einer Zitrone einrühren.
- Zum Schluss die ausgepressten Zucchini vorsichtig unterheben.
- Eine Kastenform mit Backpapier auslegen und die Masse gleichmäßig darin verteilen. 60 Minuten bei Heißluft backen. Die Backzeit kann variieren, daher den Gargrad des Kuchens mittels Stäbchenprobe testen. Dann den Kuchen aus der Form lösten, stürzen und abkühlen lassen.

Das ist ein sehr saftiger Kuchen. Er ist fruchtig und süß zugleich. Wenn man ihn am Vortag bäckt, ist er am nächsten Tag sogar noch besser.

- Für die Zitronenglasur dem Staubzucker unter ständigem Rühren nach und nach Zitronensaft beifügen, bis die Glasur eine glatte Konsistenz aufweist. Den abgekühlten Kuchen mit der Glasur überziehen und noch im feuchten Zustand mit Verbene dekorieren.
- Für das Zucchinikompott die Zucchini in ca. 5 mm große Würfel schneiden und mit etwas Zitronensaft beträufeln.
- Zucker mit 250 ml Wasser in einem Topf erhitzen. Gewürznelken, Zimtstange, abgeriebene Zitronenschale und restlichen Zitronensaft dazugeben und bei geringer Hitze auf eine sirupartige Konsistenz einkochen lassen. Die heiße Reduktion über die gewürfelten Zucchini gießen und ziehen lassen. Das abgekühlte Kompott bis zum Servieren kalt stellen.

Unendliche Weiten ... und jede Menge **Gemüse** – auch das bietet die Region Seewinkel. Der Familienbetrieb der **Familie Kern** baut schon in vierter Generation Gemüse an: z. B. hellgrünen Paprika, aber auch den ersten österreichischen **Ingwer.** Ein Coup, der durch hervorragende Böden und ideales Klima gelungen ist und Ingwer aus dem Burgenland möglich macht.

Neben unseren Kochstars aus ganz Österreich gibt es noch einen weiteren Protagonisten in dieser Sendung: Ganz leise spielt er bei vielen Gerichten die Hauptrolle. In ihm schmoren deftige Braten, köcheln Suppen und brutzeln Schnitzel. **Riess Emaille** ist ein Unternehmen, das seit 1550 – in bereits neunter Generation – **Kochgeschirr** in Ybbsitz im niederösterreichischen Mostviertel produziert. Mancher mag meine Kochtöpfe in rosé, türkis, hellgelb und blau mit einem Schmunzeln goutieren ... doch jeder davon wird schließlich von einem hervorragenden Ergebnis im Kochtopf, im Bräter oder in der Pfanne überzeugt.

Monika Harrer hat ihr Bistro direkt am Hauptplatz von Mattersburg. Sie ist eine kulinarische Instanz in der Region und eine Autodidaktin in der Küche. Sie ist für ihre Gäste Psychologin und exquisite Gastgeberin zugleich. Sie mag es beim Kochen einfach und gerne auch verspielt. Bestes Beispiel ist ihr „Kohlboy"-Burger. Beim Zubereiten ist uns natürlich der ein oder andere deftige Spruch über die Lippen gekommen und ich behalte Monika mit einem großen Lachen in Erinnerung.

Silvia kocht
... mit Monika Harrer

Kohl-Burger

Zutaten für 4 Personen:

Kohlgemüse

12 Blätter Kohl ● 2 Zwiebeln ● 4 Knoblauchzehen ● 1 EL Öl
Salz, Pfeffer ● Kümmel, gemahlen ● Kreuzkümmel, gemahlen
250 ml Schlagobers

Patty

600 g Hühnerfaschiertes ● Semmelbrösel ● Salz, Orangenpfeffer
Chiliflocken ● Ingwer, gemahlen ● Knoblauch ● Olivenöl

4 Burger-Buns (Briochesemmerl)
junge Kohlrabi- und Schwarzkohlblätter, junger Pak Choi
4 Scheiben Gorgonzola

Zubereitung:

● Für das Kohlgemüse die Kohlblätter blanchieren, also kurz in kochen-
  des Wasser geben und danach sofort und gründlich mit kaltem Wasser
  abschrecken.
● Die Zwiebeln und den Knoblauch schälen und fein schneiden bzw.
  hacken. Beides in heißem Öl anschwitzen.
● Blanchierten Kohl in Streifen schneiden und hinzufügen. Kurz rösten
  und würzen. Mit Schlagobers cremig einkochen.
● Für die Pattys das Faschierte mit Semmelbröseln auf die gewünschte
  Festigkeit bringen und dann mit den Gewürzen und dem gehackten
  Knoblauch nach Geschmack vermengen und zu kleinen Pattys formen.
  In Olivenöl beidseitig goldbraun braten.
● Die Burger-Buns aufschneiden und die unteren Hälften mit jungen
  Kohlrabi- und Schwarzkohlblättern sowie Pak Choi belegen. Darauf die
  Hühnerpattys anrichten, mit Gorgonzola belegen und zusammen mit
  dem Kohlgemüse servieren.

Max Stiegl hat unsere Herzen im Sturm erobert. Die Mischung aus frechem Lausbub, charmantem Womanizer, genialem Koch und hervorragendem Gastronomen ist perfekt für jede TV-Show. Max versteht es, sogar mir die Zügel aus der Hand zu nehmen, um geschickt ein paar Meter selbst loszureiten und sich dann wieder gekonnt in meine Fragen zu fügen. Es ist eine Freude, mit ihm kochen zu dürfen – auch wenn uns dabei der eine oder andere deftige Witz über die Lippen gekommen ist. Das Publikum wird es hoffentlich verzeihen. Es muss schließlich nicht immer bierernst sein – und mit einem Stiegl geht das eben gar nicht.

Silvia kocht

... mit Max Stiegl

Ziegencurry mit Hummus und Kohlrabibeilage

Zutaten für 4 Personen:

Curry

600 g Ziegenfleisch • Olivenöl • 2 Zwiebeln • ca. 1 cm Ingwerwurzel
3 Knoblauchzehen • 400 g Tomaten • 2 TL Curry • 1 TL Kurkuma-
pulver, gemahlen • 1/2 TL Cayennepfeffer • 1 TL Kardamom, gemahlen
2 TL Kreuzkümmel, gemahlen • 1 TL Currypaste • 1 TL Salz • 1 frische
Chilischote • 250 ml Weißwein • 125 ml Kokosmilch • 8 EL getrock-
nete Belugalinsen • 125 g griechisches Joghurt oder Naturjoghurt
1 EL Koriandergrün, gehackt

Hummus

300 g Kichererbsen aus dem Glas • 1 1/2 EL Tahini (Sesampaste)
Schale von einer halben Bio-Limette • 1 TL Kreuzkümmel, ganz
1 Knoblauchzehe • Salz, Pfeffer • 1 kleine Chilischote
4 EL Petersilie, fein gehackt • 100 ml Olivenöl

Kohlrabibeilage

1 Kohlrabi • Butterschmalz • 4–5 Knoblauchzehen
1 Bund Koriandergrün • Salz, Pfeffer

Zubereitung:

- Für das Curry überschüssiges Fett vom Ziegenfleisch abschneiden und
  das Fleisch in kleine Würfel schneiden.
- Zwiebeln schälen und fein schneiden.
- Ingwer und Knoblauch schälen und fein hacken.
- Tomaten kreuzweise einritzen, ganz kurz in kochendes Wasser geben,
  herausnehmen und schälen. Dann grob schneiden.
- Das Fleisch in einer Pfanne in heißem Öl scharf anbraten und dann
  aus der Pfanne nehmen – Hitze reduzieren, dann Zwiebeln, Ingwer und
  Knoblauch hineingeben und unter Rühren glasig dünsten.
- Curry, Kurkuma, Cayennepfeffer, Kardamom, Kreuzkümmel, Curry-
  paste und Salz zusammen mit der Hälfte der geschnittenen Tomaten im
  Mörser zu einer homogenen Paste verarbeiten.

Hummus extra anrichten, mit Petersilie bestreuen und mit Olivenöl beträufeln. Dazu Kohlrabigemüse servieren.

- Die restlichen Tomaten zu Zwiebeln, Ingwer und Knoblauch geben.
- Erst jetzt das Ziegenfleisch wieder hinzufügen.
- Die Chilischote schneiden und hinzufügen.
- Nun die Paste aus dem Mörser einrühren.
- Mit Wein ablöschen, Kokosmilch hinzufügen und zugedeckt 1 Stunde schmoren lassen.
- Inzwischen die gut abgespülten Linsen in 225 ml kochendes Salzwasser geben und gut einrühren. Zugedeckt bei geringer Hitze 25 – 30 Minuten kochen. Danach abseihen.
- Für den Hummus die Kichererbsen im Mörser mit Tahini zu einer glatten Paste verarbeiten. Abrieb von einer halben Limette hinzufügen. Mit geschältem, geschnittenem Knoblauch und Kreuzkümmel sehr fein pürieren. Mit Salz, Pfeffer und fein gehacktem Chili abschmecken.
- Für die Kohlrabibeilage den Kohlrabi schälen, in Würfel schneiden und in heißem Butterschmalz anrösten.
- Knoblauchzehen mit der Hand oder einem flach gehaltenen Messer andrücken und mit dem Kohlrabi anrösten.
- Koriandergrün zerreißen und in der Pfanne mit dem Kohlrabi anschwitzen.
- Kohlrabibeilage mit Salz und Pfeffer abschmecken.
- Das fertige Curry etwas überkühlt mit Joghurt und Koriandergrün verrühren, anrichten und mit den Linsen bestreuen.

Kutteln nach serbischer Art

Zutaten für 4 Personen:

2 Schalotten

1 EL Olivenöl

50 g Speck

2 Knoblauchzehen

500 ml Tomatensauce oder geschälte Tomaten aus der Dose

200 g Kutteln vom Kalb oder Lamm

250 ml Sauvignon Blanc

2 rote Paprika

Salz, Pfeffer

100 g Butter

100 g weiße Bohnen aus der Dose

100 g rote Bohnen aus der Dose

Schale von einer halben Bio-Limette

1/2 Bund Petersilie, gehackt

Zubereitung:

- Schalotten schälen, in Würfel schneiden und in heißem Olivenöl anschwitzen.
- Speck in Würfel schneiden. Knoblauch schälen und in feine Scheiben schneiden. Beides hinzufügen und anrösten.
- Tomatensauce hinzufügen.
- Geputzte Kutteln schneiden und hinzugeben.
- Wein hinzufügen.
- Paprika halbieren, entkernen und mit der Hautseite nach oben im Backrohr grillen, bis die Haut Blasen wirft. Überkühlen lassen und dann die Haut abziehen, das Paprikafleisch in Würfel schneiden und den Kutteln beigeben.
- Salzen, pfeffern und mit Butter verfeinern.
- Weiße und rote Bohnen beigeben. Kurz ziehen lassen und Abrieb einer halben Limette einrühren.
- Gehackte Petersilie beifügen und abschmecken.

Interview mit Christina Mutenthaler von der AgrarMarkt Austria (AMA)

Was macht die regionale Produktion in Österreich aus?

Unsere kleinteilige, regionale Produktion hat viele Vorteile: In sorgsamer Weise, oft in Bio-Qualität, entstehen unverwechselbare Lebensmittel mit persönlicher Handschrift und kurzen Transportwegen. Die Produzentinnen und Produzenten gehen schonend mit den Ressourcen vor Ort um – zum Wohle der Umwelt. Regionale Kreisläufe sichern Arbeitsplätze am Land und beleben die kleinräumige Wirtschaft. Das bringt uns eine unglaubliche Vielfalt an Spezialitäten. Wer regional kauft, isst saisonal und abwechslungsreich.

Und wahrscheinlich auch bewusster, oder?

Ja, Corona hat dazu geführt, dass sich die Menschen wieder viel stärker mit den Lebensmitteln und ihrer Produktion auseinandersetzen. Sie suchen das Authentische und den direkten Kontakt zu den Bäuerinnen und Bauern. Das Einkaufen direkt am Bauernhof erlebt einen Aufschwung.

Ist Einkaufen am Bauernhof automatisch besser?

Dort können sich die Konsumentinnen und Konsumenten selbst ein Bild machen, indem sie einen Blick in den Stall oder die Produktion werfen. Für alle, die das nicht können, bieten Zeichen wie die AMA GENUSS REGION Verlässlichkeit, dass Rohstoffe in einer guten Qualität direkt von einem Bauernhof aus der Region verarbeitet wurden.

Weltweiter Handel und Transport werden immer kritischer gesehen. Was kann die regionale Produktion hier entgegensetzen?

Unsere regionalen Produzentinnen und Produzenten, Verarbeitungs- und Gastronomiebetriebe sind kleinstrukturierte Familienbetriebe. Ihre Leidenschaft für ehrlichen Genuss und gelebte Zusammenarbeit zeichnet sie aus. In vielen Regionen Österreichs arbeiten Bäuerinnen und Bauern, verarbeitende Betriebe und Wirtsleute eng zusammen, unterstützen sich gegenseitig und schaffen so auch besondere kulinarische Erlebnisse abseits vom globalen Einheitsgeschmack. Tiramisu gibt es überall auf der Welt, aber Wachauer Marillenknödel oder Wiener Kaiserschmarrn lassen sich nur bei uns genießen.

Diese Liebe zur Regionalität merkt man. Warum verwenden Köchinnen und Köche am liebsten Lebensmittel aus ihrer Umgebung? Hat das Steak aus Argentinien ausgedient?

Vor allem junge Köchinnen und Köche zeichnen hier maßgeblich für neue Wege verantwortlich. Viele von ihnen haben in den Metropolen dieser Welt gelernt, gekocht und sich inspirieren lassen. Wenn sie in die Heimat zurückkehren, kombinieren sie traditionelle Methoden, regionale Produkte und kreative Einflüsse behutsam und das oft auf kulinarisch höchstem Niveau.

Entsteht also Neues aus der Tradition heraus?

Ja, absolut. Es war mir immer ein zentrales Anliegen, auf Bestehendes aufzubauen. Es ist die logische Weiterentwicklung unserer ursprünglichen Idee, nämlich all jene zu vernetzen, die in einer Region Genuss und Qualität erzeugen und verkaufen wollen – egal, ob Landwirtschaft, Manufaktur oder Gastwirtschaft. Unser neues Siegel erlaubt dabei eine noch professionellere Vermarktung von bäuerlichen und jagdlichen Spezialitäten und bildet die Geschmacksvielfalt der österreichischen Regionen ab.

Was ist Ihr Ziel für die regionale Kulinarik?

Wir haben ein großes Ziel, nämlich Österreich als DIE Kulinarikdestination in Europa zu etablieren. Und wenn ich mir unsere Landwirtschaft und unsere weiteren Betriebe in der Nutzungskette der Produkte ansehe, halte ich dieses Ziel für absolut realistisch. Und nie standen bei den Konsumentinnen und Konsumenten die Zeichen dafür besser als jetzt. Wir besinnen uns auf unsere Ursprünge, auf Traditionen, auf Bewährtes. Es ist faszinierend, dass daraus so köstliche Neuigkeiten entstehen können.

Das Credo von Haubenkoch **Gerhard Fuchs** lautet: „Kombiniert hat nichts mit konstruiert zu tun. Was gleichzeitig wächst und gedeiht, wird zusammen gekocht und zusammen gegessen."

Silvia kocht
... mit Gerhard Fuchs

Tatar von der Forelle mit zweierlei Zucchini, Safran und Taglilien

Zutaten für 4 Personen:

100 g Lardo (weißer Speck)

400 g fangfrische Forellenfilets ohne Haut und Gräten

Salz

Olivenöl

4 kleine Zucchini

Safran

2 Knoblauchzehen

etwas Verjus

4 frische Taglilienblüten

Zubereitung:

- Den Lardo hauchdünn schneiden und die einzelnen Blätter getrennt durch Frischhaltefolie einfrieren.

- Für das Tatar die Forellenfilets in kleine Würfel schneiden – nicht hacken oder faschieren. Leicht salzen und etwas Olivenöl hinzufügen. Kalt stellen.

- Von den Zucchini rundherum ein paar Schichten mit einem Sparschäler abziehen. Die Zucchinistreifen leicht einsalzen. Das Innere der Zucchini in kleine Würfel schneiden und diese in Olivenöl bei geringer Hitze dünsten. Wenn die Zucchiniwürfel weich sind, mit einem Schneebesen zerdrücken und mit Salz abschmecken.

- Den Saft der gesalzenen Zucchinischalen ausdrücken, mit etwas Safran aufkochen, mit Verjus säuern und mit etwas Olivenöl verrühren.

- Einen flachen Teller bereitstellen und das Zucchinipüree mit dem Forellentartar anrichten. Mit den Zucchinistreifen umwickeln, mit einer Taglilienblüte dekorieren, anschließend noch mit dem Safran-Zucchini-Saft beträufeln und mit Lardo belegen.

Geschmortes Ochsenbackerl mit Rotweinschalotten, Erdäpfel-Oliven-Püree und Eierschwammerln

Zutaten für 4 Personen:

Geschmorte Ochsenbackerl

2 Ochsenbackerl • Salz, Pfeffer • 50 g Speck • 10 Knoblauchzehen
50 g Butter • 4 Zwiebeln • 300 ml roter Portwein • 750 ml Rotwein
2 Zweige Rosmarin • 40 g kalte Butter

Rotweinschalotten

500 g Schalotten • 60 g Butter • 60 g Kristallzucker • Salz, Pfeffer
750 ml Rotwein • 500 ml roter Portwein

Erdäpfel-Oliven-Püree

1 kg mehlige Kartoffeln • 150 g schwarze Oliven • 1 Zweig Rosmarin
140 ml Olivenöl • Salz

Eierschwammerl

300 g Eierschwammerl • Olivenöl • 1 Bund Petersilie • Salz, Pfeffer

Zubereitung:

- Die Ochsenbackerl mit Salz und Pfeffer würzen.
- Das Backrohr auf 160 °C vorheizen.
- Speck in kleine Würfel schneiden und mit den ungeschälten Knoblauch-
  zehen bei geringer Hitze in Butter anbraten.
- Ochsenbackerl hinzugeben und rundherum anbraten.
- Inzwischen die Zwiebeln schälen und in grobe Spalten schneiden. Sobald
  die Ochsenbackerl auf allen Seiten gebräunt sind, die Zwiebeln hinzu-
  fügen und anrösten.
- Mit Portwein und Rotwein ablöschen, sodass die Backerl knapp bedeckt
  sind. Rosmarin hinzugeben, das Ganze mit Backpapier abdecken und im
  Backrohr garen, bis die Backerl weich sind.

Die Ochsenbackerl aufschneiden und mit Rotweinschalotten, Püree, Eierschwammerln und Sauce anrichten.

- Inzwischen die Schalotten schälen und in Scheiben schneiden.
- Butter und Zucker aufschäumen lassen, die Schalotten beigeben, würzen und kurz anschwitzen.
- Dann nach und nach mit Rotwein und Portwein aufgießen, immer wieder einkochen lassen und die Schalotten auf die gewünschten Konsistenz einreduzieren lassen.
- Für das Püree die Kartoffeln kochen, schälen und noch heiß grob zerdrücken.
- Oliven entsteinen und klein schneiden. Rosmarin abrebeln und fein hacken.
- Kartoffelstampf, Oliven und Rosmarin mit Olivenöl und Salz verrühren. Warm stellen.
- Die Eierschwammerl putzen, in die gewünschte Größe schneiden und in heißem Olivenöl rösten. Mit abgezupfter, grob gehackter Petersilie bestreuen und mit Salz und Pfeffer abschmecken.
- Die fertig geschmorten Ochsenbackerl, die Zwiebeln und den Speck aus dem Bratensaft nehmen und diesen rasch mit sehr kalter Butter zu einer Sauce rühren, bis diese cremig glänzt.

Richard Rauch hat ein Restaurant, das schon lange für seine traditionelle Küche bekannt ist – doch der junge Koch erweitert seine Karte auch immer durch Speisen, die er auf seinen Reisen in verschiedenste Länder kennenlernt sowie durch innovative Eigenkreationen. Es ist sehr entspannend, mit Richard zu kochen. Er hat eine ruhige, sanfte Art und strahlt Zuversicht aus, die auf seine Schülerinnen und Schüler wirkt – so auch auf mich.

Silvia kocht
... mit Richard Rauch

Stroganoff vom Rehbock mit Rote-Rüben-Spätzle

Zutaten für 4 Personen:

Stroganoff

2 Schalotten • 2 Essiggurkerl

150 g Champignons (oder Eierschwammerl)

50 g Beinschinken • 600 g Rehfilet (oder Rehschlögel)

Salz, Pfeffer • 1 TL grober Dijonsenf • 50 g Butter

50 ml Portwein • 300 ml Wild- oder Kalbsfond

1 roter Paprika • 125 ml Schlagobers

1 Bund Petersilie

Spätzle

3 Eier

Salz

60 ml Rote-Rüben-Saft

200 g griffiges Mehl

50 g Rote-Rüben-Pulver

20 g Butter

Muskatnuss, gerieben

Zubereitung:

- Für das Stroganoff die Schalotten schälen und fein schneiden. Die Essiggurkerl in feine Streifen schneiden. Die Champignons in feine Blätter schneiden. Den Beinschinken in feine Streifen schneiden.

- Das Rehfilet in Streifen schneiden, mit Salz, Pfeffer und Senf würzen und in heißer Butter anbraten.

- Das Fleisch aus der Pfanne nehmen und warm stellen. Im Bratensatz die Schalotten, Essiggurkerl, Champignons und den Schinken anbraten.

- Mit Portwein ablöschen und mit Wildfond aufgießen.

- Den Paprika halbieren, entkernen und die Hautseite mit einem Bunsenbrenner abflämmen, damit die Haut abgezogen werden kann. In feine Streifen schneiden und hinzufügen.

Das Stroganoff anrichten, mit geschlagenem Obers und mit der abgezupften, gehackten Petersilie garnieren. Dazu die Spätzle servieren.

- Paprika kurz mitköcheln lassen, bevor das Ganze von der Herdplatte genommen wird. Das Fleisch wieder hinzugeben.
- Die Eier mit Salz und Rote-Rüben-Saft kräftig verschlagen, einige Minuten stehen lassen und dann mit Mehl und Rote-Rüben-Pulver so lange schlagen, bis der Teig Blasen wirft.
- Reichlich Salzwasser zum Kochen bringen. Den Teig mit dem Spätzlehobel ins kochende Wasser gleiten lassen oder den Teig mit einem Messer von einem Brett ins Wasser schaben.
- Sobald die Spätzle nach oben steigen, diese abschöpfen, mit kaltem Wasser abschrecken und in einem Sieb abtropfen lassen. Kurz vor dem Servieren in geschmolzener Butter schwenken, mit Salz und Muskatnuss abschmecken.

Kürbiskern-Apfel-Torte mit Heurahm und Heukracherl

Zutaten für eine Tortenform (ø 24 cm):

Kürbiskern-Apfel-Torte

7 Eier

160 g Butter

90 g Staubzucker

100 g Kristallzucker

250 g gemahlene Kürbiskerne

100 g geriebene Haselnüsse

4 Äpfel

1 EL Zimt

1 Bio-Zitrone

Heusirup

500 g Kristallzucker

250 ml Wasser

50 g Bio-Heu

Heurahm

200 ml Schlagobers

1 Vanilleschote

50 ml Heusirup

1 Blatt Gelatine

Heukracherl

50 ml Heusirup

250 ml Mineralwasser

Zubereitung:

- Für die Torte die Eier trennen.
- Das Backrohr auf 170 °C vorheizen.
- Butter mit Staubzucker schaumig rühren. Eidotter nach und nach einrühren.

- Eiklar und Kristallzucker zu Schnee schlagen.
- Kürbiskerne und Haselnüsse unter die Dottermasse heben und zuletzt den Schnee unterheben.
- Äpfel schälen, grob reiben und mit Zimt und abgeriebener Zitronenschale würzen.
- Tortenmasse in eine befettete Tortenform füllen. Äpfel darüber verteilen und die Torte ca. 25 Minuten backen.
- Inzwischen für den Heusirup Zucker und Wasser aufkochen lassen und dann von der Herdplatte nehmen. Das Heu hineingeben und den Sirup mit dem Heu auskühlen lassen. Kalt über ein feines Sieb gießen und in eine sterile Flasche füllen.
- Für den Heurahm das Schlagobers cremig schlagen. Vanillemark aus der aufgeschnittenen Schote kratzen und zusammen mit dem Heusirup in das Obers einrühren.
- Das Gelatineblatt in kaltem Wasser einweichen, ausdrücken und mit etwas Wasser über Dampf auflösen. Anfangs mit einem Esslöffel geschlagenem Obers verrühren, dann rasch in das restliche Schlagobers einrühren.
- Für das Heukracherl Eiswürfeln in ein Glas geben. Sirupmenge nach Wunsch einschenken und mit Mineralwasser aufgießen. Mit einem Schuss Zitronensaft (von der abgeriebenen Zitrone) verfeinern.

Stefan Nauschnegg hat mit seinem Heringsschmaus eines der größten kulinarischen Highlights geschaffen, das ich je gesehen habe: Fisch und Meeresfrüchte soweit das Auge reicht – aufgetürmt in allen Räumen seines Restaurants. So etwas haben Sie noch nicht erlebt. Zumindest einmal sollte man sich dieses Schlaraffenland am Aschermittwoch gegönnt haben. Es ist die Reise wert.

Silvia kocht
... mit Stefan Nauschnegg

Heringssalat à la Nauschnegg

Zutaten für 4 Personen:

400 g eingelegte Heringsfilets

2 Zwiebeln

8 Eier, hart gekocht

8 Essiggurkerl

1/2 Bund Estragon

1/2 Bund Petersilie

160 g Mayonnaise

Apfelessig • Salz, Pfeffer

Korallenhippen

15 g Mehl

65 ml neutrales Öl (z. B. Sonnenblumenöl)

rote Lebensmittelfarbe

gelber Kaviar zum Garnieren (z. B. vom Hecht)

Blüten und Kräuter zum Garnieren

Zubereitung:

- Heringsfilets in Streifen schneiden. Zwiebeln schälen und fein schneiden. Eier in Würfel schneiden.
- Für die Marinade die Essiggurkerl fein schneiden. Estragon und Petersilie abzupfen und fein hacken. Gurkerl und Kräuter mit Mayonnaise und Apfelessig nach Geschmack verrühren. Mit Salz und Pfeffer abschmecken.
- Heringshappen, Zwiebeln und Eier unter die Marinade mischen und etwas ziehen lassen.
- Inzwischen für die Korallenhippen Mehl, Öl und ca. 90 ml Wasser mit Lebensmittelfarbe nach Gefallen verrühren. Diese Masse in eine beschichtete heiße Pfanne geben und backen, bis das Wasser verdampft ist. Danach auf ein Blatt Küchenrolle legen und nach Wunsch salzen bzw. formen.
- Heringssalat anrichten und mit Korallenhippe, Kaviar, Blüten und Kräutern nach Belieben garnieren.

Miesmuscheln in Weißweinsauce

Zutaten für 4 Personen:

1 kg Miesmuscheln, geputzt

1 Zwiebel

1 Lauch

1 roter Paprika

1 Karotte

2 Stangen vom Staudensellerie

10 Knoblauchzehen

120 ml Olivenöl

1 Schuss Pernod (Anisspirituose)

500 ml Weißwein

125 ml Schlagobers

Salz, Pfeffer

4 Zweige Rosmarin

Zubereitung:

- Alle Gemüsesorten in feine Scheiben schneiden.
- Das Gemüse in heißem Öl kurz anschwitzen, mit Pernod und Weißwein aufgießen, Schlagobers und Gewürze hinzufügen und ca. 2 Minuten kochen lassen, bis sich die Muscheln geöffnet haben.
- Muscheln mit etwas Sud in Suppentellern anrichten und mit Rosmarin garnieren.

Eveline Wild hat einfach alles: das Aussehen, das Talent, die Herzlich-keit und jede Menge Süßes, um einfach jedes Herz zu verzaubern. Sie ist eine der schönsten Verführungen unter Österreichs Köchinnen und eine Meisterin in ihrem Fach. Sie liebt es, kreativ zu sein und findet Kraft in ihrer Arbeit. Ganz nebenbei ist sie auch noch eine liebevolle Mutter und eine gerechte Chefin. Ich bewundere ihre Arbeit sehr und versinke förm-lich in ihren filigranen Kreationen aus Schokolade, Biskuit und Schlag-obers. Aber wer nicht?

Silvia kocht
... mit Eveline Wild

Dessert von weißer und dunkler Schokolade mit Kirschen und Tonkabohne

Zutaten für ca. 20 Stück:

Schokoladenbiskuit

5 Eier • 115 g Kristallzucker • 80 g glattes Mehl • 25 g Kakaopulver
20 g Stärke • 30 ml Öl

Weiße Schokoladen-Vanille-Creme

3–4 Blätter Gelatine • 500 ml Schlagobers
250 ml Milch • 1 Bio-Zitrone • 1 Vanilleschote
300 g weiße Schokolade, klein gehackt

Schokoladenmousse

125 ml Milch • 125 ml Schlagobers • 3 Eidotter
25 g Kristallzucker • 125 g Bitterschokolade (70 %,
z. B. Guanaja), klein gehackt

Garnitur

Kirschen mit Stiel • einige Zweige Zitronenthymian
Tonkabohnen • Kirschgelee

Zubereitung:

- Das Backrohr auf 180 °C vorheizen.
- Für das Biskuit Eier und Zucker cremig aufschlagen. Die versiebte
  Mehl-Kakao-Stärke-Mischung abwechselnd mit dem Öl unterheben.
- Die Biskuitmasse auf ein mit Backpapier belegtes Bachblech streichen
  und möglichst gleichmäßig verteilen. Bei Heißluft ca. 15 Minuten
  backen. Danach stürzen, das Backpapier abziehen und auskühlen lassen.
- Für die Herstellung der weißen Schokoladen-Vanille-Creme die
  Gelatine in kaltem Wasser einweichen, das Obers aufschlagen (es soll
  noch cremig fließen) und kalt stellen. Die Milch mit ganz wenig abgeriebener Zitronenschale und dem ausgekratzten Vanillemark auf etwa

80 °C erhitzen, dann von der Herdplatte nehmen. Die Gelatineblätter ausdrücken und in der warmen Milch unter Rühren auflösen. Nun das Ganze über die weiße Schokolade gießen, kurz warten und dann verrühren, bis es eine geschmeidige Masse ergibt.

- Die Schokoladenmasse auf Zimmertemperatur abkühlen lassen. Erst dann das cremig geschlagene Obers einrühren.
- Diese Schokoladencreme auf das mit einem Backrahmen versehenen Biskuit geben, glatt streichen und kalt stellen.
- Für das dunkle dressierfähige Schokoladenmousse Milch, Obers, Dotter und Zucker unter ständigem Rühren im Wasserbad, also über Dampf auf etwa 80 °C erwärmen. Diese Mischung dann sofort über die klein gehackte Schokolade gießen, kurz warten und dann mit einem Stabmixer zu einer glatten Masse emulgieren. In einen Dressierbeutel mit Blütentülle füllen und mehrere Stunden, am besten über Nacht, im Kühlschrank fest werden lassen.
- Vor dem Servieren das Biskuit mit der weißen Schokoladencreme in gleichmäßige Streifen schneiden. Auf jeden Streifen mithilfe des Dressiersacks dunkle Schokoladenmousse aufspritzen. Jede Schnitte mit Kirschen, abgezupften Zitronentymhianblättern, geriebener Tonkabohne und aufgespritztem Kirschgelee garnieren.

Erdbeer-Mürbteig-Törtchen zum Muttertag

Zutaten für 6 Mürbteigtörtchen (ø 10 cm):

Mürbteig

50 g Staubzucker, gesiebt • 1 Eidotter • 100 g weiche Butter
Salz • 1 Pkg. Vanillezucker • 1/2 Bio-Zitrone • 150 g Mehl
150 g weiße Schokolade • ca. 15 Biskotten
Cointreau und Läuterzucker (zu gleichen Teilen) als Tränke

Erdbeerragout

300 g Erdbeeren • 50 g Kristallzucker
3–4 Blätter Gelatine • 1 Bio-Limette

Erdbeercreme

6 Blätter Gelatine • 500 ml Schlagobers • 250 g Erdbeeren
110 g Kristallzucker • 1 Bio-Limette

Dekor

Walderdbeeren
Blätter und Blüten von Walderdbeeren (oder Minze bzw. Zitronenverbene)
Streudekor nach Wahl

Zubereitung:

• Für den Mürbteig den Staubzucker mit Dotter, Butter, einer Prise Salz
und Vanillezucker sowie der abgeriebenen Schale der halben Zitrone zu
einem glatten Teig kneten und dann zügig das Mehl einarbeiten. Den
Teig 1 Stunde gekühlt rasten lassen.

• Das Backrohr auf 160 °C vorheizen.

• Mürbteig etwa 3–4 mm dick ausrollen und Kreise mit einem Durch-
messer von ca. 12 cm ausstechen.

• Teig in die Tarteletteförmchen legen, diese mit vorbereiteten „Alufo-
lienpäckchen" beschweren und bei Heißluft etwa 10 Minuten backen.
„Alustempel" mithilfe einer Grillzange entfernen und fertig backen, bis
sie goldgelb sind – noch etwa 10 Minuten. Völlig auskühlen lassen.

- Inzwischen für das Erdbeerragout etwa die Hälfte der Erdbeeren mit Zucker zu einem Fruchtmark pürieren, die andere Hälfte klein schneiden. Gelatine einweichen und in erhitztem Saft der Limette auflösen. Gelatinemischung zügig unter das Fruchtpüree rühren und abgeriebene Limettenschale sowie Erdbeerstücke einrühren.
- Die weiße Schokolade schmelzen und die Förmchen damit auspinseln – das soll den Mürbteig kross halten. Die Biskotten grob zerteilen und in der Cointreau-Läuterzucker-Mischung tränken, dann die Mürbteigtörtchen damit auslegen und das Erdbeerragout darauf verteilen. Eventuell kurz im Kühlschrank stocken lassen.
- Für die Erdbeercreme die Gelatine in kaltem Wasser einweichen. Das Obers cremig aufschlagen und kalt stellen. Die Erdbeeren pürieren und durch ein feines Sieb passieren, bevor sie mit dem Zucker und der abgeriebenen Schale der Limette verrührt werden. Die Gelatine ausdrücken und mit dem Saft der Limette auf ca. 50 °C erhitzen. Zur aufgelösten Gelatine einen kleinen Teil des Fruchtmarks geben. Dies gut verrühren und anschließend zum Erdbeermark geben und zügig einrühren. Nun das geschlagene Obers unterheben und mithilfe eines Dressierbeutels blütenförmig auf die Mürbteigtörtchen dressieren. Kalt stellen.
- Kurz vom dem Servieren mit Walderdbeeren, Blüten und Blättern sowie Streudekor garnieren.

Gleich neben dem historischen Markt in Pöllau in der Oststeiermark mit seinen wunderbaren Häuserfassaden und goldenen Statuen hat **Robert Buchberger** seine **Fleischerei.** Den Familienbetrieb gibt es seit 1946. Der Juniorchef selbst bringt ständig neuen Wind in das Unternehmen. Und wie Wilhelm Busch schon sagte: „Des Schweins Ende ist der Wurst Anfang." ... nur bei uns gab's Pastete!

Zutaten für ca. 5 Gläser à 300 ml:

800 g Schweineschulter mit Schwarte ○ 1 Zwiebel ○ 3 Knoblauchzehen
1 EL Schweineschmalz ○ 150 g Schweineleber ○ 2 – 3 EL Salz
1/2 – 1 EL geschroteter Pfeffer ○ 1 Bund Kräuter (z. B. Petersilie, Thymian)
4 gedörrte Hirschbirnen

Zubereitung:

- Schweinefleisch im Ganzen in einem Topf mit Wasser weich kochen, auskühlen lassen und im Anschluss mit der Schwarte in Würfel schneiden. Gut kühlen.
- Zwiebel und Knoblauch schälen und grob schneiden.
- Zwiebel heißem Schweineschmalz anrösten.
- Schweineleber kleinschneiden und dann möglichst kalt im Kutter oder Mixer zerkleinern, bis sich Bläschen bilden.
- Das gekochte, geschnittene Schweinefleisch hinzufügen und noch einmal gemeinsam mit Leber mixen oder kuttern.
- Jetzt Zwiebel, Knoblauch, Salz, Pfeffer und abgerebelte Kräuter hinzugeben und erneut mixen oder kuttern.
- Nun die Hirschbirnen fein schneiden oder sehr klein hacken und der Masse beimengen.
- Das Backrohr auf 100 °C vorheizen.
- Die Pastetenmasse mithilfe eines Spritzsacks in sterilisierte Gläser füllen – zwischendurch die Gläser einige Male auf die Tischfläche klopfen, damit Luft entweichen kann.
- Die Gläser verschließen und in einem heißen Wasserbad im Backrohr bei Heißluft 1 Stunde garen. Das Wasser soll nur bis zur Hälfte der Gläser reichen.

Leberpastete mit der Pöllauer Hirschbirne

Die Pastete ist verschlossen im Kühlschrank ca. 1 Monat haltbar und schmeckt besonders gut auf frischem Bauernbrot.

Hannes Müller ist jedem sofort sympathisch. Er hat das Kind in sich bewahrt und versteht es ganz wunderbar, einfache Gerichte zu hochwertigen Kreationen umzugestalten. Mit ihm zu kochen, ist Entspannung pur und garantiert immer kulinarischen Hochgenuss.

Silvia kocht
... mit Hannes Müller

Marinierter Seesaibling mit Honig-Senf-Dalken

Zutaten für 4 Personen:

Marinierter Saibling

2 Seesaiblingsfilets ohne Haut

Olivenöl

Fleur de Sel • evtl. Limonenöl

Honig-Senf-Crêpe

1 mehlige Kartoffel • 1 EL Estragonsenf

1 EL süßer, grob gemahlener Senf (z. B. Hausmacher)

1 TL Honig • Salz, Pfeffer • 20 g Maisstärke

2 Eier • Olivenöl

Blüten und Blätter aus dem Garten oder von der Wiese (z. B. Kresse und Zuckererbsen)

grobes Salz

Zubereitung:

- Für die Dalken die Kartoffel schälen, weich kochen und noch heiß pressen. Mit Senf, Honig, Salz und Pfeffer verrühren. Maisstärke einrühren, sodass eine glatte Masse entsteht.
- Die Eier trennen. Die Dotter in die Kartoffelmasse rühren.
- Das Eiklar mit einer Prise Salz steif schlagen und unter die Kartoffelmasse heben.
- Esslöffelweise die Kartoffelmasse in heißes Olivenöl geben und langsam beidseitig goldbraun braten.
- Parallel dazu die Saiblingsfilets mit einem sehr scharfen, schräg gehaltenen Messer in feine Scheiben schneiden und diese mit Olivenöl marinieren. Fleur de Sel darüberstreuen. Ca. 10 Minuten ziehen lassen – eventuell mit etwas Limonenöl nachwürzen.
- Die marinierten Seesaiblingsscheiben wie ein Carpaccio anrichten, nach Wunsch mit Blüten und Blättern garnieren und mit grobem Salz bestreuen. Honig-Senf-Dalken daneben anrichten.

Sellerie im Salzteig mit Ziegen-käse-Espuma und Selleriegrün

Zutaten für 4 Personen:

2 kleine Knollensellerie

Salzteig

300 g glattes Mehl • 80 g Salz • 150 ml Wasser

Selleriegrün

4 Stangen vom Staudensellerie • 1 EL Apfelessig • Salz, Pfeffer
Staubzucker

Ziegenkäse-Espuma

1 Zwiebel • 1 Lorbeerblatt • Pfefferkörner • Koriandersamen
Wacholderbeeren • 20 g Butter • 100 ml Weißwein • 100 ml Wermut
200 ml Schlagobers • 200 ml Gemüsesuppe • 200 g Ziegenkäse
Salz

Zubereitung:

- Das Backrohr auf 170 °C vorheizen.
- Knollensellerie schälen. Das Selleriegrün in feine Streifen schneiden.
- Für den Salzteig alle Zutaten vermengen und zu einem Teig kneten.
  Knollensellerie mit dem Salzteig ummanteln. Im Backrohr ca. 45 Minu-
  ten garen.
- Inzwischen für das Selleriegrün den Stangensellerie entsaften und mit
  Apfelessig und Gewürzen abschmecken.
- Für den Ziegenkäse-Espuma die Zwiebel schälen und grob schneiden.
  Mit den Gewürzen in heißer Butter anschwitzen. Mit Weißwein und
  Wermut ablöschen, mit Obers und Suppe aufgießen und fast auf die
  Hälfte einkochen lassen. Die Gewürze und die Zwiebel abseihen. Den
  Ziegenkäse grob schneiden, dazugeben, schmelzen lassen und das
  Ganze gut mixen. Mit Salz abschmecken. In eine iSi-Gourmet-Whip-
  Flasche füllen, eine Sahnekapsel eindrehen und die Flasche im heißen
  Wasserbad warm stellen.

Fertigen Sellerie aus dem Salzteig klopfen, in Stücke schneiden
und anrichten. Den Selleriesaft
mit einem Stabmixer aufschäumen
und dazugießen. Mit Espuma
und Selleriegrün garnieren.

Gekochte Kalbszunge mit Semmelkren und Spinat

Zutaten für 4 Personen:

Kalbszunge

1 Kalbszunge • 1 Bund Suppengemüse • Salz • Pfefferkörner
Liebstöckel • Wacholderbeeren

Semmelkren

1 Semmel vom Vortag • 40 ml Schlagobers • 1 TL Sauerrahm
Salz, Pfeffer • 1 Krenwurzel • gereifter Balsamicoessig

Spinat

2 EL passierter Spinat • Muskatnuss, gerieben • Salz, Pfeffer
10 g Butter • 24 Blätter frischer Spinat

Zubereitung:

- Kalbszunge mit Suppengemüse, Gewürzen und so viel Wasser, dass die Zunge gerade bedeckt ist, kalt zustellen und langsam aufkochen lassen. Ca. 1 1/2 Stunden kochen lassen. Mit einer Gabel immer wieder die Garung kontrollieren – lässt sich die Gabel leicht aus der Zunge herausziehen, ist sie fertig.
- Die Zunge aus dem Wasser nehmen und die Haut noch im warmen Zustand entfernen.
- In Frischhaltefolie wickeln und ein wenig erkalten lassen.
- Den Kochsud abseihen und zur Seite stellen.
- Für den Semmelkren die Semmelrinde abschaben und das Innere in kleine Würfel schneiden. Diese mit so viel Kochsud am Herd erwärmen, dass die Semmelwürfel die Flüssigkeit gut aufnehmen können und eine breiige Konsistenz entsteht. Mit Obers und Rahm glatt rühren, mit Salz und Pfeffer würzen und abschließend frisch geriebenen Kren und etwas Balsamicoessig nach Geschmack hinzugeben.
- Die Zunge mit einer Aufschnittmaschine in ganz feine Scheiben schneiden und diese in etwas Kochsud erwärmen.

- Für den Spinatschaum etwas Kochsud mit dem passierten Spinat zu einem Schaum mixen. Mit Muskatnuss, Salz und Pfeffer abschmecken und mit kalter Butter cremig rühren.
- Die frischen Spinatblätter kurz vor dem Anrichten in etwas Kochsud erwärmen.
- Den Semmelkren auf Teller geben, die Zungenscheiben darüberlegen und das Ganze mit dem Spinatschaum umkränzen. Den frischen Spinat darauflegen und mit frisch geriebenem Kren garnieren.

Zwischen Gailtaler und Karnischen Alpen liegt das **Schloss Lerchenhof,** ein Vorzeigebeispiel für spätklassizistische Biedermeierarchitektur in Kärnten. Das Gebäude wurde um 1848 als Herrschaftssitz des Freiherrn Julius von Wodley zu dessen bevorstehender Liebesheirat errichtet. Heute dient es als Gasthaus und Hotel und ist für die **Speckproduktion** dort berühmt. Slow Food wird hier großgeschrieben: von der eigenen Schweinezucht bis zum selbst angebauten Futter für die Tiere. Johann Steinwender hat mir sein Rezept für den hausgebeizten Speck verraten.

Zutaten für 1,5 kg Schinkenspeck:

1,5 kg roher Schinken mit Schwarte (vom Schweineschlögel) • 1 l Wasser
100 g Meersalz • 50 g Pfeffer • 50 g Wacholderbeeren • 20 Lorbeerblätter
5 Knoblauchzehen, zerdrückt

Zubereitung:

- Schinkenstück zurechtschneiden (möglichst glatte Oberfläche).
- Für die Lake alle Zutaten aufkochen und dann abkühlen lassen.
- Fleisch in ein verschließbares Gefäß legen und mit der Lake übergießen, sodass es ganz bedeckt ist. Je nach Dicke das Stück ca. 5 Wochen zugedeckt in der Lake liegen lassen, damit das Salz und die Aromen in das Fleisch einziehen können (pro Zentimeter Speckdicke eine Woche, z. B. 5 cm dicker Schinkenspeck 5 Wochen). Die Lagerung soll bei 7 – 9 °C erfolgen.
- Die Lake immer wieder kontrollieren – bei Veränderungen das Fleisch herausnehmen, abwaschen und den Vorgang in einer neuen Lake fortsetzen.
- Danach den Schinken aus der Lake nehmen und abwaschen. Eine Nacht lang trocknen lassen (der Salzgehalt verteilt sich gleichmäßig im Fleisch). Der außen trockene Schinken ist dann bereit zum Räuchern.
- Für das Räuchern Buchenholzspäne mithilfe einer Hitzequelle (z. B. einem Kaltrauchgenerator) zur Rauchentwicklung bringen. Den Schinkenspeck eine Nacht lang in den kalten Rauch hängen (unbedingt unter 25 °C).
- Dann den Speck mindestens 12 Stunden kühl, dunkel und luftig rasten lassen.
- Diesen Vorgang für Geschmack und Farbe noch 2 – 3 Mal im Laufe eines Monats wiederholen.
- Zuletzt wird der nach Wunsch geräucherte Schinkenspeck ca. 4 Monate in einem kühlen, dunklen und luftigen Raum zur Trocknung aufgehängt.

Gebeizter Speck

Den fertigen Schinkenspeck möglichst dünn aufschneiden und mit Bauernbrot, Butter und frisch geriebenem Keen genießen.

Die **Bäckerei Holzer** am Weißensee hat mich in ihre Backstube eingeladen, um dort mit Vater und Sohn das puderzuckrige Glück zu probieren. Hier gibt es die mit Abstand besten **Krapfen,** die ich bisher in meinem Leben gegessen habe: flaumig weich und noch warm, mit genügend Marillenmarmelade und einer Extraportion Staubzucker. Es war himmlisch!

Zutaten für ca. 20 Krapfen:

225 ml Milch • 850 g glattes Mehl • 75 g Hefe • 6 Eidotter • 3 Eier
95 g Kristallzucker • 200 g weiche Butter • 80 ml Rum • 15 g Salz
1 Pkg. Vanillezucker • 1 Bio-Zitrone • reichlich Öl zum Frittieren
Marillenmarmelade • Staubzucker

Zubereitung:

- Milch handwarm erwärmen, dann Mehl und Hefe einrühren und dieses Dampfl abgedeckt an einem warmen Ort gehen lassen.
- Eidotter, Eier und Zucker über Dampf schaumig rühren und leicht erwärmen.
- Butter cremig rühren und den Rum etwas erwärmen.
- Alle Zutaten mit Salz, Vanillezucker und abgeriebener Zitronenschale zu einem Teig kneten.
- Den Teig 30 Minuten zugedeckt an einem warmen Ort rasten lassen. Dann den Teig mit zusammenstoßen und nochmals 10–20 Minuten rasten lassen.
- Den fertigen Teig in ca. 40 g schwere Stücke teilen und mit der Hand durch kreisende Bewegungen auf einem bemehlten Brett Kugeln schleifen.
- Rechtzeitig ausreichend Öl in einem hohen Topf erhitzen.
- Die Kugeln erneut mit einem Tuch abdecken und ca. 30 Minuten in warmer Umgebung rasten lassen, damit die Hefe arbeiten kann und die Kugeln die doppelte Größe erreichen.
- Krapfen in ca. 170 °C heißem Öl von beiden Seiten herausbacken – ungefähr 2 Minuten pro Seite, bis sie goldgelb sind.
- Die fertigen Krapfen mit einem Gitterlöffel aus dem Fett herausnehmen und auf einigen Lagen Küchenrolle abtropfen und abkühlen lassen.

Faschings-krapfen

Anschließend Marillen-marmelade in einen Spritz-beutel mit Lochtülle geben und die Krapfen damit füllen. Mit Staubzucker bestreut servieren.

Andreas Salvenmoser ist gelernter Koch und hat 2012 mit Martin Schipflinger das alte Gasthaus in Scheffau am Wilden Kaiser aus dem Dornröschenschlaf erweckt. Mit den beiden in der Küche zu stehen, ist eine große Party. Andreas ist der detailverliebte Kulinariker. Martin unterhält die ganze Gesellschaft. Es ist ein herzliches Haus mit Tradition, in dem schon viele Feste gefeiert wurden und das bis in die frühen Morgenstunden. Gut zu wissen, dass das, was beim Jägerwirt passiert, auch dort bleibt. Zu schätzen wusste das zum Beispiel auch schon Megastar Tina Turner ...

Silvia kocht
... mit Andreas Salvenmoser

Tiroler Graukassuppe
(Graukäsesuppe)

Zutaten für 4 Personen:

150 g mehlige Kartoffeln

1/2 Zwiebel

neutrales Öl

300 g Graukäse

750 ml Rind- oder Gemüsesuppe

200 ml Schlagobers

evtl. Staubzucker

Salz, Pfeffer

4 Scheiben Schwarzbrot

essbare bunte Blüten

4 Zweigspitzen von der Zuckererbse

Zubereitung:

- Kartoffeln schälen und in Salzwasser weich kochen.
- Zwiebel schälen und fein schneiden.
- Kartoffeln abseihen und trocken ausdampfen lassen. Zusammen mit der geschnittenen Zwiebel in heißem Öl anschwitzen.
- Den Graukäse mit den Händen zerbröseln und hinzufügen. Sofort mit Suppe aufgießen.
- Unter ständigem Rühren so lange köcheln lassen, bis der Graukäse vollkommen geschmolzen ist.
- Obers dazugeben und weiter köcheln lassen.
- Mit einem Stabmixer fein pürieren, bis die Suppe sämig ist.
- Nach Belieben mit etwas Zucker, Salz und Pfeffer abschmecken.
- Brotscheiben kross toasten.
- Suppe anrichten, mit Brotscheiben belegen und mit Blüten und Zuckererbsengrün garnieren.

Lammrücken im Kürbiskern-Cornflakes-Speck-Mantel mit Süßkartoffelpüree und Zucker-schoten

Zutaten für 4 Personen:

Süßkartoffelpüree

1 mittelgroße Süßkartoffel • 1/2 Zwiebel
ca. 250 ml Rind- oder Gemüsesuppe • Kreuzkümmel, gemahlen
Salz, Pfeffer • 200 ml Schlagobers • evtl. 20 g Butter

Lammrücken

500 g Lammrücken • Sonnenblumenöl • 80 g Kürbiskerne
40 g Cornflakes • 1 Ei • Salz, Pfeffer • 1 Zweig Rosmarin
ca. 10 Scheiben Bauchspeck

Zuckerschoten

100 g Zuckerschoten • 20 g Butter • Salz, Pfeffer
1 Prise Kristallzucker • 50 ml Weißwein

4 Zweige Rosmarin
essbare Blüten

Zubereitung:

- Für das Süßkartoffelpüree die Süßkartoffel schälen, in kleine Stücke schneiden und in heißem Öl anschwitzen.
- Zwiebel schälen, klein schneiden, hinzufügen und kurz anschwitzen.
- Mit Suppe aufgießen, bis alles bedeckt ist, und die Kartoffel weich kochen.
- Kreuzkümmel, Salz und Pfeffer dazugeben.
- Sobald die Kartoffelstücke weich sind, Obers hinzufügen und das Ganze mit dem Pürierstab mixen, bis eine feine Konsistenz erreicht ist und warm halten. Bei Bedarf Butter einrühren.
- Das Backrohr auf 180 °C vorheizen.

- Den sgeputzten Lammrücken auf beiden Seiten in sehr heißem Öl anbraten.
- Kürbiskerne und Cornflakes mit dem Ei sowie etwas Salz und Pfeffer vermengen.
- Rosmarin abrebeln und die Nadeln fein schneiden. Zur Masse hinzugeben.
- Frischhaltefolie auf der Arbeitsfläche auflegen. Speckblätter sorgfältig in der Größe des Lammrückens darauflegen.
- Die Kürbiskern-Cornflakes-Masse gleichmäßig auf dem Speck verteilen – am besten mit einem Nudelholz.
- Den Lammrücken darauflegen und mithilfe der Folie straff einwickeln, sodass dieser komplett mit dem Speckmantel umhüllt ist. Überschüssiges wegschneiden.
- Den eingewickelten Lammrücken vorsichtig aus der Folie nehmen und nochmals kurz auf beiden Seiten in heißem Öl anbraten.
- Das Fleisch ca. 10 Minuten im Backrohr fertig garen.
- Inzwischen die Zuckerschoten in heißer Butter kurz anschwitzen und mit Salz und Pfeffer würzen. Mit Zucker leicht karamellisieren und mit Weißwein ablöschen.
- Lammrücken in Stücke schneiden und auf Süßkartoffelpüree anrichten. Zuckerschoten dazulegen. Bratensaft dazugießen. Mit Rosmarin und Blüten garnieren.

Magdalena und Peter Ager sind seit 40 Jahren ein Paar und betreiben gemeinsam die **Gipfelalm auf der Hohen Salve.** Magdalenas berühmte Ziach Kiachl sind dort eine Institution: ein Glück, dass sie ihr Wissen mit mir geteilt hat.

Zutaten für ca. 8 Kiachl:

400 g glattes Mehl ● 30 g Hefe ● 40 g Butter
200 ml Milch ● 3 Eidotter ● 1 EL Rum ● Salz
80 g Kristallzucker ● Öl oder Butterschmalz zum Frittieren
Preiselbeermarmelade ● Staubzucker zum Bestreuen

Zubereitung:

- Butter erwärmen, Milch hinzufügen und lauwarm werden lassen.
- Hefe einrühren und die handwarme Mischung zum Mehl gießen.
- Eier, Zucker und zuletzt eine Prise Salz einkneten.
- Mit einem Tuch abgedeckt an einem warmen Ort rasten lassen, bis sich der Hefeteig verdoppelt hat.
- Nun den Teig in Stücke teilen und Kugeln formen. Diese auf einem bemehlten Brett noch einmal abgedeckt aufgehen lassen.
- Inzwischen reichlich Öl oder Schmalz zum Frittieren erhitzen.
- Die Teigkugeln flach drücken und dann etwas auseinanderziehen, sodass sie in der Mitte dünner sind und am Rand einen Wulst haben.
- Im heißen Fett unter Wenden herausbacken, bis der Teigwulst goldgelb ist.
- In die Vertiefung Marmelade geben und die Kiachl mit Staubzucker bestreuen.

Ziach Kiachl

Gustav Jantscher ist kein Verfechter „sturer Regionalität". Er experimentiert gerne und kocht das, was ihm schmeckt. Er hat eine eigene Taubenzucht, weshalb die Taube auf seiner Speisekarte ein besonders beliebtes Gericht ist. Mit Gustav Jantscher zu kochen, hat besondere Freude gemacht – vor allem, weil uns sein Sohn Laurin tatkräftig unterstützt hat. Wie sein Vater züchtet er Vögel und will er Koch werden. Ein wirklich charmantes Vater-Sohn-Gespann und ein Junior, von dem man Großes erwarten kann. Der Papa macht's ja vor ...

Silvia kocht

... mit Gustav Jantscher

Huchen mit panierter Auster und Senf-Zwiebel-Sauce

Zutaten für 4 Personen:

Senf-Zwiebel-Sauce

1 Fenchel • 2 Schalotten • etwas Erdnussöl • 1 TL Currypulver
1 Prise Kreuzkümmel • 20 ml Noilly Prat (Wermut)
500 ml Fisch- oder Geflügelfond • Austernwasser (die Flüssigkeit
der ca. 30 Minuten zuvor geöffneten Austern) • 1 EL Crème fraîche
50 ml Schlagobers • 2 EL Senfkörner • 100 ml Apfelsaft
2 weiße Zwiebeln • Salz, Pfeffer

Panierte Austern

4 Austern • 2 EL griffiges Mehl • 1 Ei • 2 EL Weißbrotbrösel
Öl zum Frittieren

Huchen

500 g Huchenfilet • 250 g Butterschmalz • Salz, Pfeffer

Garnitur

8 Pimentos • Olivenöl • Salz • Kaviar
essbare Blüten (z. B. vom Schnittlauch)

Zubereitung:

- Für die Sauce den geputzten Fenchel fein schneiden. Die Schalotten
  schälen und fein schneiden.
- Beides in etwas heißem Erdnussöl anrösten. Currypulver und Kreuz-
  kümmel beifügen. Mit Noilly Prat ablöschen und einkochen lassen.
- Mit Fisch- oder Geflügelfond und Austernwasser aufgießen und ein-
  kochen lassen.
- Mit einem Stabmixer pürieren und durch ein feines Sieb passieren. Die
  Currysauce mit Crème fraîche und Obers cremig rühren. Mit Salz und
  Pfeffer abschmecken.
- Senfkörner abspülen und danach ca. 15 Minuten in Apfelsaft kochen.

- Weiße Zwiebeln schälen und in Scheiben schneiden. In etwas heißem Erdnussöl glasig anschwitzen und die abgetropften Senfkörner dazugeben. Mit etwas Currysauce aufgießen. Warm ziehen lassen.

- Die ausgebrochenen Austern in Mehl, versprudeltem Ei und Weißbrotbröseln wenden und in reichlich heißem Fett goldgelb backen. Auf mehreren Lagen Küchenrolle abtropfen lassen.

- Parallel dazu für den Huchen das Butterschmalz auf 65 °C erhitzen, also nicht zu heiß werden lassen, und das Filet 8 Minuten darin konfieren, also bei niedriger Temperatur in Öl schmoren. Zum Schluss salzen und pfeffern.

- Pimentos in etwas Olivenöl anbraten, salzen und zusammen mit dem konfierten Huchen, der Senf-Zwiebel-Sauce und den gebackenen Austern sowie etwas Kaviar anrichten. Mit Blüten garnieren.

Gamsrücken im Gewürzmantel mit Süßkartoffelcreme und Spinatroulade

Zutaten für 4 Personen:

Spinatroulade

200 g mehlige Kartoffeln • 160 g weiche Butter • 6 Eier • Salz, Pfeffer
Muskatnuss, gerieben • 100 g glattes Mehl • 300 g Cremespinat
Cayennepfeffer • 1 EL braune Butter • Butterschmalz

Süßkartoffelcreme

250 g Süßkartoffeln • 1 kg Meersalz • 20 g Butter • Pfeffer
Muskatnuss, gerieben • evtl. Salz

Gamsrücken

10 Wacholderbeeren • 10 g weißer Sesam • 10 g schwarzer Sesam
8 Pimentkörner • 20 Korianderkörner • 20 Pfefferkörner, schwarz
3 Lorbeerblätter • 1 Sternanis • 3 Muskatblüten • 1 TL Senfkörner
10 g Weißbrotbrösel ohne Rinde • 600 g Gamsrücken • 50 g Butter
Salz

Bärlauchblätter und -knospen

Zubereitung:

- Für die Spinatroulade das Backrohr auf 200 °C vorheizen.
- Die Kartoffeln schälen, in Salzwasser weich kochen und noch heiß
  passieren.
- Die Eier trennen.
- Butter mit Dotter und Gewürzen schaumig rühren und die passierten
  Kartoffeln beigeben.
- Eiklar zu Schnee schlagen und abwechselnd mit Mehl unter die Kartof-
  fel-Ei-Butter-Masse heben. Auf ein Backpapier ca. 5 mm dick auf-
  streichen und bei Heißluft ca. 12 Minuten hell backen. Noch heiß auf
  ein zweites Backpapier stürzen und das mitgebackene Papier abziehen.
  Sofort einrollen.

- Inzwischen den Cremespinat in ein mit einem Tuch ausgelegtes Sieb geben und abtropfen lassen.
- Spinat mit Salz, Cayennepfeffer, Muskatnuss und brauner Butter abschmecken. Dann auf die gebackene, ausgerollte Kartoffelmasse streichen und straff aufrollen.
- Für die Süßkartoffelcreme die Temperatur im Backrohr auf 160 °C reduzieren.
- Die Süßkartoffeln waschen, in ein hitzebeständiges Gefäß geben und mit Meersalz bedecken. Bei Heißluft ca. 1 1/2 Stunden weich schmoren. Danach schälen, pürieren, mit Butterflocken, Pfeffer und Muskatnuss mixen und eventuell noch etwas salzen. Warm stellen.
- Für den Gewürzmantel alle Gewürze und die Brösel in einer heißen, trockenen Pfanne goldgelb rösten und dann in einem elektrischen Zerkleinerer zu feinen Bröseln verarbeiten.
- Gamsrücken in den Gewürzbröseln wälzen und straff in Frischhaltefolie und anschließend in Alufolie einwickeln.
- Im Wasserbad bei 70 °C 6 Minuten ziehen lassen und anschließend 5 – 10 Minuten ruhen lassen.
- Währenddessen die Spinatroulade in Scheiben schneiden und diese in etwas Butterschmalz auf beiden Seiten anbraten.
- Zuletzt Butter aufschäumen lassen, den Gamsrücken darin schwenken und mit Salz würzen.
- Fleisch in Scheiben schneiden und mit Süßkartoffelcreme, Spinatroulade und etwas Bratensaft anrichten. Mit Bärlauch garnieren.

Soufflé und Eis vom Topfen

Zutaten für 4 Personen:

Topfeneis

375 ml Milch • 125 ml Schlagobers • 1 Vanilleschote • 3 Eier
160 g Kristallzucker • 500 g Topfen

Topfensoufflé

3 Eier • 250 g Topfen • 125 g Sauerrahm • 60 ml Milch
30 g Kristallzucker • 50 g Maisstärke • 1 Prise Salz • 1 Vanilleschote
1 Bio-Zitrone • 20 g Staubzucker • flüssige Butter für die Förmchen
Kristallzucker für die Förmchen

Garnitur

Waldbeerkompott • Blüten von Walderdbeeren
4 Zweige Schokoladenminze

Zubereitung:

- Für das Eis Milch mit Obers und aufgeschnittener Vanilleschote erhitzen.
- Eier mit Zucker schaumig schlagen und zügig unter ständigem Rühren in die heiße Obersmilch einmischen.
- Alles zusammen zur Rose abziehen, also unter ständigem Rühren langsam erhitzen, bis eine cremige Konsistenz erreicht ist. Dann sofort vom Herd nehmen, aber weiter rühren.
- Die Vanilleschote herausnehmen. Den Topfen einrühren. Die Masse in einer Eismaschine gefrieren lassen.
- Für das Soufflé die Eier trennen.
- Hitzefeste Förmchen mit flüssiger Butter bestreichen und mit Kristallzucker ausstreuen.
- Topfen, Sauerrahm, Milch, Kristallzucker, Dotter, Stärke, Salz, das ausgekratzte Mark der aufgeschnittenen Vanilleschote und die abgeriebene Schale der Zitrone verrühren.
- Eiklar mit Staubzucker zu Schnee schlagen und unter die Topfenmasse heben.
- Die Soufflémasse in die Förmchen füllen und im Wasserbad bei 180 °C 20 Minuten backen.

Die Soufflés stürzen und
mit Eis anrichten. Mit
Waldbeeren, Blüten und
Kräutern garnieren.

Christian Rescher begann seine Karriere mit einer Kochlehre in Döllerers Hotel „Goldener Stern" in Golling an der Salzach und lernte dort unter Bernhard Hauser. Nach Abschluss seiner Lehre folgten einige Stationen in renommierten Restaurants in Innsbruck, Zürs am Arlberg und Salzburg. Heute ist er Executive Chef im Hotel „Aurelio" in Lech. Besonderes Ansehen erlangte er durch seine „Natural Art Cuisine", in der er moderne Küche mit Regionalität verbindet.

Silvia kocht
... mit Christian Rescher

Hühnerleberterrine

Zutaten für 1 Terrine:

400 g Hühnerleber

500 g Butter

25 g Salz

2,5 g Pökelsalz

250 g Kristallzucker

4 Eidotter

2 EL Fichtenwipfelhonig (im Fachhandel erhältlich)

60 ml Cognac

Salz, Pfeffer

1 Prise Thymianpulver

ca. 15 Scheiben Lardo (fetter Speck)

Pflücksalate

Borretschblüten

Zubereitung:

- Hühnerleber putzen, pürieren und durch ein Sieb passieren.
- Butter auf über 60 °C erhitzen.
- Das Backrohr auf 75 °C vorheizen. Eine große Wanne mit Wasser hineinstellen.
- Leber, Butter, Salz, Pökelsalz, Zucker, Dotter, Honig, Cognac und die Gewürze zu einer homogenen, feinen Masse pürieren.
- Terrinenform mit Backpapier und Frischhaltefolie auslegen, anschließend mit Lardo auskleiden und die Masse in die Form füllen. Die Terrine im Wasserbad im Backrohr ca. 50 Minuten pochieren. Anschließend abkühlen lassen und im Kühlschrank 24 Stunden ziehen lassen.
- Mit einem sehr scharfen Messer in dicke Scheiben schneiden, anrichten und mit Pflücksalaten und Blüten anrichten. Dazu Weißbrot servieren.

Vorarlberger Riebel mit Apfel und Kardamom

Zutaten für 4 Personen:

Apfel-Kardamom-Sorbet

120 ml Apfelsaft · 80 g Kristallzucker · 4 Kardamomkapseln
80 ml Limettensaft · 2 Äpfel (z. B. Granny Smith)

Riebflammerie

400 ml Milch · 60 g Riebel (oder Weizengrieß) · 75 g Kristallzucker
4 Kardamomkapseln · 3 Äpfel · 3 Blätter Gelatine · Salz
Vanillezucker · 375 ml Schlagobers

Apfelgelee

300 ml Apfelsaft (z. B. von Granny Smith) · 4 Kardamomkapseln
Saft von einer halben Zitrone · 1 EL Kristallzucker · 3 g Agar-Agar

4 Zweige Zitronenmelisse

Zubereitung:

- Für das Sorbet Apfelsaft, Zucker und Kardamom aufkochen lassen.
  Dann die Kardamomkapseln herausnehmen, Limettensaft und
  geschälte, geriebene Äpfel dazugeben. Das Ganze in einem flachen
  Behältnis abkühlen lassen und 24 Stunden tiefkühlen.
- Für das Riebflammerie Milch, Riebel, Zucker, Kardamom und geschälte,
  geriebene Äpfel 3 – 5 Minuten leicht köcheln lassen, bis der Riebel
  weich ist. Kardamomkapseln herausnehmen.
- Inzwischen die Gelatine in kaltem Wasser einweichen, dann ausdrücken
  und in etwas von der noch warmen Riebelmischung auflösen.
- Die Riebelmischung in eine Schüssel umgießen und die aufgelöste
  Gelatine rasch einrühren.
- Die Masse in einer Schüssel über Eiswasser kalt rühren und mit Salz und
  Vanillezucker abschmecken.
- Obers cremig schlagen und unterheben.
- Riebflammerie in Portionsförmchen füllen.

- Für das Apfelgelee alle Zutaten aufkochen lassen, dann in ein hohes Gefäß gießen, die Kardamomkapseln herausnehmen und die Masse auskühlen lassen. Die kalte Masse mit dem Stabmixer fein pürieren.
- Jedes Förmchen mit Apfel-Kardamom-Sorbet und Apfelgelee anrichten und mit Zitronenmelisse garnieren.

Claudia Kepp hat sich mit ihrem Unternehmen **Pfändergold** im eigenen Obstgarten ein kleines Imperium aufgebaut. Mit dem Konservieren vom Sommer im Glas, unterschiedlichen Senfsorten und einer gehörigen Portion Humor hat sie sich in Lochau und darüber hinaus einen Namen gemacht. Mit mir hat sie Himbeersenf zubereitet, der wirklich eine Offenbarung ist.

Zutaten für 4 Gläser Senf à 300 ml:

400 g gelbe Senfkörner

200 g schwarze Senfkörner

200 ml Himbeeressig • 1 Zweig Rosmarin

1 kleiner Bund Thymian • 1 kleine Chilischote

200 g Himbeeren • 100 g brauner Zucker

2 EL Honig • 2 TL Salz

2 TL Kurkuma, gerieben

1 TL Pfefferkörner

1 TL Koriandersamen

150 ml Whiskey

Zubereitung:

- Die Senfkörner in 250 ml kochendes Wasser geben.
- Dann die Senfkörner mit dem Stabmixer im Wasser pürieren.
- Himbeeressig hinzufügen, damit der Senf besonders cremig wird.
- Rosmarin und Thymian abrebeln, grob hacken und der Senfmasse beifügen.
- Chili in feine Ringe schneiden und ebenso in die Masse rühren.
- Nun Himbeeren, braunen Zucker, Honig, Salz und Kurkuma einmixen.
- Die Pfefferkörner mit den Koriandersamen mörsern und zusammen mit dem Whiskey einrühren.
- Noch einmal gut durchmixen.
- In sterile Gläser füllen oder gleich mit Weißbrot genießen.

Himbeersenf

Himbeersenf passt wunderbar zu Rindfleisch- oder Wildgerichten, zu Käse, aber auch für Salatdressings.

Sonja und Peter Gmeiner betreiben in Langenegg einen echten Vorzeigebetrieb. Sonja ist für die **Hühner** am Hof zuständig und ihr Ehemann für die **Kühe und Kälber.** Er hat ein wunderbares Projekt am eigenen Hof initiiert: Altkühe ziehen als Leihmütter junge Kälber auf. So haben die einen ein längeres Leben und die anderen ein besseres. Ich hoffe auf viele Höfe, die es Sonja und Peter gleichtun.

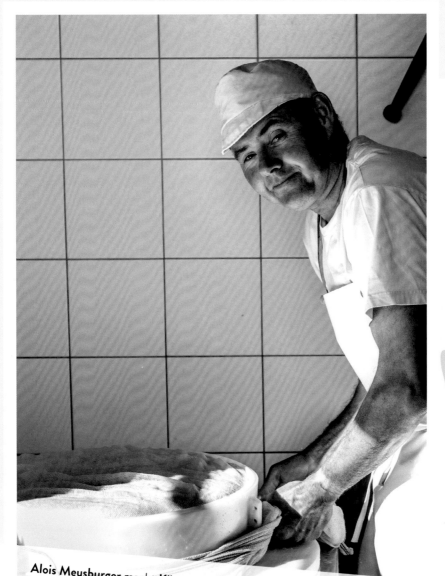

Alois Meusburger macht **Käse** ... und viele behaupten: den feinsten vom ganzen Bregenzerwald. Gemeinsam mit Gattin Anna verbringt er den Sommer auf der Alpe Seefluh mit jeder Menge Arbeit. Ich durfte Alois bei seiner Sennerarbeit über die Schulter blicken. Es war wie ein Konzert in weiß und gelb: vom Abschöpfen der Milch bis zur sogenannten Käsepflege. Das ist das Befeuchten der gelben Käselaibe mit Wasser. Alles ist Handarbeit und purer Genuss am Gaumen beim anschließenden Verkosten.

Karin Kaufmann ist in Doren im Bregenzerwald geboren und gemeinsam mit fünf Geschwistern auf einem Bauernhof mit Gasthaus aufgewachsen. Ihre Liebe zum bodenständigen Küchenhandwerk spürt man bei jedem Handgriff. Karin Kaufmann könnte aber ebenso Chefin der britischen Vogue sein. Mit liebevoller Strenge und einem schelmischen Lächeln führt sie ihre Schülerinnen und Schüler durch ihre Kochkurse. Schnell will man ihr mit dem, was man tut, gefallen. Sie ist kulinarische Praktikerin sowie herzliche Gastgeberin. Man freut sich immer auf ein Wiedersehen mit ihr.

Silvia kocht

... mit Karin Kaufmann

Randigtarte
(Rote-Rüben-Tarte)

Zutaten für 1 Tarte (ø 32 cm):

Mürbteig

250 g glattes Mehl • 125 g Butter, in Stücke geschnitten

1 Eidotter • 1 Prise Salz • 4 EL eiskaltes Wasser

Füllung

3 Randig (Rote Rüben) • 2 rote Zwiebeln

10 g Kristallzucker • 150 ml Wermut

Fleur de Sel • 1–2 Chilischoten

150 g Ziegenfrischkäse

Zubereitung:

- Alle Zutaten für den Teig kneten, bis dieser glatt ist.
- Den Teig auf einer bemehlten Arbeitsfläche etwa 3 mm dünn ausrollen und in die Tarteform legen.
- Für die Füllung Rote Rüben kochen, schälen und in Scheiben schneiden.
- Das Backrohr auf 220 °C vorheizen.
- Zwiebeln in dünne Spalten schneiden.
- Zucker in einer heißen Pfanne karamellisieren lassen, mit Wermut ablöschen und auf eine sirupartige Konsistenz einkochen lassen.
- Mit einer Mischung aus Fleur de Sel und fein geschnittenen Chilischoten abschmecken und danach die Zwiebelspalten ein paar Minuten mitdünsten.
- Rote-Rüben-Scheiben mit den Zwiebeln mischen und mit etwas Sauce auf dem Mürbteig verteilen.
- Ziegenkäse in Stücke zupfen und die Tarte damit belegen.
- Im Backrohr bei Ober- und Unterhitze ca. 25 Minuten backen.

Lackierte Lachsforelle mit lauwarmen Karotten

Zutaten für 4 Personen:

Lachs

2 EL Honig

50 ml Sojasauce

1 EL grobkörniger Senf

2 EL Rosa Beeren

4 Lachsforellenfilets à 100 g, ohne Haut

Karotten

250 g Karotten in verschiedenen Farben

20 g frischer Ingwer

60 ml Olivenöl

Blumiger Achter (Fleur de Sel mit Kornblumen, Blütenpollen und Gartenkräutern)

3 EL Birnenbalsamessig

evtl. 1/2 Bund Koriander

Zubereitung:

- Für den Lachs Honig mit Sojasauce, Senf und Rosa Beeren verrühren, ca. 5 Minuten köcheln und dann abkühlen lassen.
- Die Fischfilets darin mindestens 1 Stunde marinieren.
- Inzwischen die Karotten schälen und in feine Streifen hobeln.
- Ingwer schälen und in feine Streifen schneiden.
- Das Backrohr auf 100 °C vorheizen.
- Karotten und Ingwer in heißem Olivenöl glasig dünsten und mit Blumigem Achter und Birnenbalsamessig abschmecken. Warm halten.
- Fischfilets im Backrohr bei Ober- und Unterhitze ca. 15 Minuten glasig garen.
- Eventuell Koriander abzupfen und grob hacken. Kurz vor dem Anrichten unter die Karotten heben.
- Karotten neben den Lachsforellenfilets anrichten und mit etwas Sojasauce beträufeln.

Buchteln mit selbstgemachtem Vanillepudding

Zutaten für ca. 30 Buchteln:

Buchteln

20 g Hefe ● 700 g Zopfmehl (mit Dinkel angereichertes Weißmehl)

ca. 250 ml lauwarme Milch ● 1 Ei ● 2 Eidotter

100 g Kristallzucker ● 120 g zerlassene Butter

1/2 Bio-Zitrone ● 1 TL Salz ● 250 g passierte Marillenmarmelade

40 ml Orangenlikör (z. B. Cointreau) ● Butterstückchen zum Belegen

Staubzucker zum Bestreuen

Pudding

4 Eidotter ● 50 g Kristallzucker ● 50 g Maisstärke

400 ml Milch ● 200 ml Schlagobers ● 20 ml Orangenlikör

1 Prise Vanilleschotenpulver

Zubereitung:

- Für die Buchteln die Hefe in der Rührschüssel mit 5 EL warmem Wasser verrühren.
- Mehl, Milch, Ei und Dotter, Zucker, Butter, abgeriebene Schale der Zitrone und Salz hinzufügen und ca. 5 Minuten kneten.
- Bei Bedarf noch etwas Milch hinzugeben.
- Den Teig ca. 1 Stunde abgedeckt an einem warmen Ort gehen lassen.
- Marmelade mit Likör verrühren.
- Eine Auflaufform mit Butter ausstreichen.
- Das Backrohr auf 160 °C vorheizen.
- Von dem Teig ca. 40 g schwere Stücke abschneiden, die Teile auseinanderziehen, mit je einem Teelöffel Marmelade füllen und verschließen.
- Die Buchteln mit den verschlossenen Enden nach unten in die Auflaufform setzen.
- Butterstückchen über die Buchteln verteilen und nochmals gehen lassen.
- Im Backrohr ca. 35 Minuten backen.

- Inzwischen für den Pudding Dotter, Zucker und Maisstärke mit 100 ml Milch glatt rühren.
- Restliche Milch aufkochen. Die Hitze reduzieren, die Milch-Eier-Masse langsam unter ständigem Rühren eingießen und so lange rühren, bis die Masse eindickt. Überkühlen lassen.
- Eine Plastikfolie direkt auf den Pudding legen, damit er keine Haut bildet, und kalt stellen.
- Obers steif schlagen. In den kalten Pudding Orangenlikör und Vanille einrühren und das geschlagene Obers unterheben.
- Fertige Buchteln mit Staubzucker bestreuen. Vanillepudding extra servieren.

Olaf Dellingshausen ist ein sehr guter Koch und ein stattlicher Mann. Ich musste bei den Dreharbeiten auf einem Stockerl stehen, um ihm größentechnisch nicht um etliches zu unterliegen. Kulinarisch kann man ihm sowieso nur schwer das Wasser reichen. Seine Ceviche war ein Gedicht.

Michael Pigas ist eigentlich Grieche, hat aber in Österreich seine zweite Heimat gefunden und liebt diese sehr. Gemeinsam mit Olaf Dellingshausen bildet er das kulinarische Duo bei Grüll Fischhandel in Grödig, wo man vorzüglich essen kann.

Silvia kocht

... mit Olaf Dellingshausen & Michael Pigas

Ceviche classico

Zutaten für 4 Personen:

6 Limetten

160 g rote Zwiebeln

2 Knoblauchzehen

2 Bund Koriander

4 Chilischoten (Aji oder Habanero)

Salz

2 gelbe Paprika

8 Radieschen

400 g Saiblingsfilet ohne Haut

Zubereitung:

- Für die Leche de Tigre, die sogenannte Tigermilch, die als Marinade dient, Limetten auspressen.
- Zwiebel und Knoblauch schälen.
- Koriander abzupfen.
- Ein Viertel der roten Zwiebeln, Knoblauch, etwas Koriander, zwei Chilischoten und den Limettensaft mit dem Stabmixer zu einer glatten Marinade verarbeiten. Abschmecken.
- Die übrigen roten Zwiebeln in Streifen schneiden.
- Paprika und Radieschen putzen und in Würfel schneiden.
- Restliche Chilischoten in feine Ringe schneiden.
- Den Saibling in 3 cm große Würfel schneiden.
- Fisch mit Leche de Tigre vermengen und nicht länger als 5 Minuten ziehen lassen.
- Fisch mit Paprika und Radieschen am Teller anrichten, rote Zwiebeln und Koriander darüber verteilen.

Stör süß-sauer

Zutaten für 4 Personen:

Teigmantel

4 Eiklar • 80 g Maisstärke • 80 g Mehl

Stör

240 g Störfilet ohne Haut

etwas Sojasauce zum Marinieren

etwas Maisstärke zum Wenden

Öl

Süß-saure Sauce

1 gelber Paprika • 1 Ananas • Öl

80 ml Ananassaft • 80 g Honig • 80 ml Sojasauce

80 g Ketchup

200 g Reis • schwarzer Sesam

Zubereitung:

- Für den Teigmantel alle Zutaten zu einer glatten Masse verrühren.
- Den Stör in nicht zu dicke Scheiben schneiden, mit etwas Sojasauce marinieren, in Maisstärke wenden und in den flüssigen Teig tunken.
- In heißem Öl herausbacken.
- Reis waschen und in 400 ml Salzwasser garen.
- Für die süß-saure Sauce Paprika halbieren, entkernen und in grobe Stücke schneiden.
- Ananas schälen, Strunk entfernen und in Stücke schneiden.
- Paprika in heißem Öl anrösten. Mit Ananassaft aufgießen. Honig, Soja-sauce und Ketchup dazugeben. Die Ananasstücke ganz zum Schluss hinzufügen.
- Nun den Stör in die Sauce legen und kurz gemeinsam ziehen lassen.
- Stör mit Sauce und Reis anrichten. Mit Sesam bestreuen.

Walter Grüll gilt als Erfinder des ersten echten österreichischen **Störkaviars** und als Visionär im Zusammenhang mit allem, was eine Flosse hat. Ob Lachssalami oder Fischleberkäse – Walter hatte die Idee zuerst. Mit großer Liebe zur Umwelt, zum Produkt und seinen Mitmenschen interpretiert er das Thema Fisch in der Feinkost und in seinem Restaurant jeden Tag neu. Hier arbeitet noch die ganze Familie im und um den Betrieb und fühlt sich mit Leib und Seele dem Element Wasser verbunden. Nicht umsonst sagt seine Tochter Alexandra, die Juniorchefin im Unternehmen, von sich selbst: „Ich bin das Fischweibi. Das war ich immer und werde ich immer bleiben!"

Die **Dorfkäserei Pötzelsberger** in Adnet stellt seit 1886 **Käse aus naturbelassener Heumilch** her. Nach traditionellem Verfahren und mit natürlichen Zutaten wird bereits in vierter Generation die Liebe zum Handwerk aufrechterhalten. Franz Georg Pötzelsberger macht Käse aus Leidenschaft und das schmeckt mir in allen Varianten ...

Ein unglaublich lustiger Kochabend war der mit **Berthold Auer.** Es war Krampustag in Bad Gastein und alle Köche hatten Wichtigeres zu tun, als in der Küche in den Töpfen zu rühren. Der 5. Dezember ist im Gasteinertal offenbar der höchste Feiertag. Nur der brave Berthold hat sich für mich Zeit genommen, um mit mir zu kochen. Das vergesse ich ihm nicht: ein wahres Engerl zwischen all den auch sehr netten Krampussen.

Zutaten für 4 Personen:

1 kg Hirschfleisch vom Schlögel (ohne Knochen)

2 Zwiebeln • 5 Karotten • 1/2 Knollensellerie

5 Knoblauchzehen • 1 Lauch • Olivenöl

160 g Tomatenmark • 160 g Preiselbeeren

1 Zimtstange • 8 Wacholderbeeren

6 Lorbeerblätter • 1 TL Rosmarin, gemahlen

2 TL Wildgewürz, gemahlen • 2 TL Ingwer, gemahlen

Salz • 250 ml Rotwein • evtl. Crème fraîche

Zubereitung:

- Fleisch von Sehnen befreien und in große Würfel schneiden.
- Zwiebeln, Karotten, Sellerie und Knoblauch schälen und klein schneiden.
- Lauch putzen und in feine Ringe schneiden.
- Fleisch in heißem Öl rundherum scharf anbraten und dann herausnehmen.
- Gemüse und Knoblauch im Bratensatz anschwitzen.
- Tomatenmark und Preiselbeeren hinzufügen.
- Die Zimtstange in zwei Hälften brechen und zusammen mit Wacholderbeeren, Lorbeerblättern, Rosmarin, Wildgewürz, Ingwer und Salz einrühren.
- Mit Rotwein ablöschen und mit 500 ml Wasser aufgießen.
- Erst jetzt kommt das angeröstete Fleisch wieder in den Topf, um für ca. 1 1/2 bis 2 Stunden im Sud zu schmoren.
- Das bissfest gegarte Fleisch herausnehmen und warm stellen. Die Gemüsesauce durch ein feines Sieb passieren. Eventuell mit Crème fraîche verrühren. Fleisch wieder in die Sauce geben, kurz ziehen lassen und dann anrichten.

Hirschragout

Als Beilagen passen Semmelknödel und Blaukraut mit frischen Bienenstücken. Garniert werden kann mit Orangenscheiben und Petersilie.

In der Nähe der kleinen Hubertuskapelle vor der wunderbaren Berg-
kulisse von Sonnblick, Dachstein, Hochkönig und Steinernem Meer liegt
die Steinbockalm. Hier arbeitet **Florian Frisch.** Er hat mir ein Rezept
zu einer ganz besonderen regionalen Spezialität verraten: dem Heidewuggerlschwein.

Silvia kocht
... mit Florian Frisch

Zweierlei vom Heidewuggerl-schwein mit Zwetschken-Chutney

Zutaten für 4 Personen:

Zweierlei vom Heidewuggerlschwein

500 g Bauch vom Heidewuggerl • Salz, Peffer • Majoran, gerebelt
Kümmel, gerieben • 2 Karotten • 1 Pastinake • 2 Zwiebeln
1 Stangensellerie • 1 Lauch • 1 Knoblauchknolle • 500 g Karree vom
Heidewuggerl (ohne Knochen) • 1 Zweig Rosmarin • 1 Zweig Thymian

Süßkartoffelcreme

2 Süßkartoffeln • 1 Zwiebel • Öl • 100 ml Weißwein
200 ml Gemüsesuppe • Salz, Pfeffer • etwas Butter
etwas Schlagobers

Zwetschken-Chutney

1 kg Zwetschken • 1 Zwiebel • Öl • 250 ml Rotwein
Salz, Pfeffer • Currypulver • 250 g Gelierzucker

Zubereitung:

- Das Backrohr auf 170 °C vorheizen.
- Den Bauch auf der Hautseite einschneiden und auf der Fleischseite mit
  Salz, Pfeffer, Majoran und Kümmel würzen.
- Karotten, Pastinake, Zwiebeln schälen und in 1 cm große Würfel
  schneiden.
- Stangensellerie und Lauch putzen und in 1 cm breite Stücke schneiden.
- Knoblauchknolle halbieren.
- Den gewürzten Bauch in eine feuerfeste Form auf das geschnittene
  Gemüse legen und 45 Minuten bis 1 Stunde im Backrohr braten, bis er
  eine knusprige Kruste hat.
- Das Karree von Sehnen und Flachsen befreien. Auf der Fettseite ein-
  schneiden und auf dieser Seite in einer heißen Pfanne scharf anbraten.
  Dann herausnehmen und in 4 Scheiben schneiden.
- Jede Karreeschnitte salzen und pfeffern. Jede Seite ca. 2 – 3 Minuten
  anbraten und zum Schluss Rosmarin und Thymian in die Pfanne geben
  und mitbraten.

- Für die Süßkartoffelcreme die Süßkartoffeln und Zwiebel schälen und in Würfel schneiden.
- Beides langsam bei mittlerer Hitze in heißem Öl anbraten.
- Mit Weißwein ablöschen und mit Suppe aufgießen. Weich kochen.
- Zum Schluss mit Salz, Pfeffer, Butter und Obers nach Geschmack vollenden und pürieren.
- Für das Zwetschken-Chutney die Zwetschken halbieren und entsteinen.
- Zwiebel schälen und in kleine Würfel schneiden.
- 500 g Zwetschken mit der Zwiebel in heißem Öl anbraten.
- Mit Rotwein aufgießen und einkochen lassen.
- Mit Salz, Pfeffer und Curry würzen.
- Zum Schluss mit Gelierzucker noch einmal aufkochen lassen.
- Pürieren und die übrigen Zwetschken hinzufügen.
- Erneut aufkochen lassen.
- Bauch und Karree in Stücke schneiden. Mit Süßkartoffelcreme und Zwetschken-Chutney anrichten. Eventuell mit gedämpften Lauchstreifen und gebackenen Trüffelkartoffelscheiben garnieren.

Schneckennudeln

Zutaten für 4 Personen:

400 g glattes Mehl

40 g Kristallzucker

40 g zerlassene Butter

1 Ei

30 g Hefe

250 ml lauwarme Milch

Butter zum Befetten der Form

100 g zerlassene Butter zum Bestreichen

Kristallzucker zum Bestreuen

Zimtpulver zum Bestreuen

200 g Haselnüsse, gehackt

Zubereitung:

- Mehl, Zucker, zerlassene Butter, Ei, zerbröselte Hefe und lauwarme Milch zu einem glatten Teig verkneten und eine Stunde lang abgedeckt an einem warmen Ort gehen lassen.
- Eine Auflaufform mit Butter befetten.
- Das Backrohr auf 150 °C vorheizen.
- Den Teig 5 mm dick ausrollen. Mit zerlassener Butter bepinseln.
- Zucker und Zimt nach Geschmack vermischen und mit den gehackten Nüssen über den Teig streuen.
- Den Teig einrollen und in dicke Scheiben schneiden. Diese Schnecken flach nebeneinander in die Form legen.
- Bei Ober- und Unterhitze ca. 30 Minuten backen.
- Noch einmal mit Zimtzucker bestreuen und servieren.

Wir haben die idyllisch am Hochkönig gelegene **Steinbockalm,** wo Florian Frisch mit uns seine Köstlichkeiten gekocht hat, zur blauen Stunde erreicht und erst lange nach Mitternacht wieder verlassen.

Den **Gasthof Gamskar** im Gasteinertal habe ich an unserem Drehtag in wunderschönem Sonnenlicht zur Mittagszeit erreicht. Draußen haben mich zwei besonders flauschige Wirtsleute begrüßt – einmal Alpaka in blond und einmal in dunkel.

Christian Göttfried ist für das Kochen geboren. Mit großer Leichtigkeit zaubert er Vorzügliches auf den Teller. Sein Lachen ist ansteckend und sein Humor vom Allerfeinsten. Ich kenne Christian Göttfried von anderen Kochsendungen und wusste, dass er der perfekte Koch ist, um in die neue Sendung „Silvia kocht" zu starten. Er ist eine Naturgewalt am Bildschirm und zieht jeden sofort in seinen Bann. Ich bin stolz, ihn meinen Bekannten nennen zu dürfen und stehe immer wieder ausgesprochen gerne mit ihm vor der Kamera. Obwohl er kulinarisch schon ein Ausnahmetalent ist, prophezeie ich ihm auch eine Fernsehkarriere im Bereich Comedy. Christian, du wirst noch an meine Worte denken! Ich danke dir für alles!

Silvia kocht

... mit Christian Göttfried

Lammrücken mit Zucchini im Blätterteig

Zutaten für 4 Personen:

2 Lammfilets

Salz, Pfeffer

1 Zweig Rosmarin

Olivenöl

1 Zucchini

1 Melanzani

250 g Blätterteig

2 EL Semmelbrösel

2 EL Tomatensauce

1 Ei

Zubereitung:

- Die Lammfilets mit Salz, Pfeffer und abgerebeltem, fein gehacktem Rosmarin würzen und von allen Seiten in heißem Öl anbraten. Herausnehmen und trocken tupfen.
- Das Backrohr auf 200 °C vorheizen.
- Zucchini und Melanzani in ca. 5 mm dicke Scheiben schneiden und portionsweise ohne Fett in einer heißen Pfanne beidseitig leicht bräunen.
- Blätterteig auf Backpapier ausrollen.
- Die Melanzanischeiben auf den Blätterteig legen, mit wenig Olivenöl, Bröseln und Tomatensauce marinieren. Die Zucchini darauflegen und die Lammfilets darin einrollen.
- Die Rolle mit versprudeltem Ei bestreichen und im Backrohr ca. 12 Minuten backen. Dann aus dem Rohr nehmen und 7 Minuten ziehen lassen.
- Aufschneiden und anrichten. Eventuell mit frittierter Petersilie und Bratensaft garnieren.

Topfenhaluschka

Zutaten für 4 Personen:

1 Zwiebel

120 g Räucherspeck

20 g Butterschmalz

300 g Fleckerl (Teigwaren)

100 g Semmelbrösel

100 g Butter

250 g Sauerrahm

250 g Bröseltopfen

1/2 Bund Schnittlauch

4 Schnittlauchblüten

Zubereitung:

- Zwiebel schälen und in kleine Würfel schneiden.
- Speck in kleine Würfel schneiden.
- Zwiebel in Schmalz sanft anrösten. Speck hinzufügen und bei geringer Hitze knusprig braten.
- Inzwischen die Fleckerl in Salzwasser bissfest kochen und danach sofort mit kaltem Wasser abschrecken.
- Die Brösel in erwärmter Butter zu goldgelben Butterbröseln rösten. Dann vom Herd nehmen.
- Fleckerl in der warmen Zwiebel-Speck-Mischung kurz erwärmen, das Ganze vom Herd nehmen und den Sauerrahm unterrühren.
- Den Topfen und die Butterbrösel darüberstreuen.
- Schnittlauch fein schneiden. Topfenhaluschka mit Schnittlauch und den Blüten garnieren.

Bries-Sellerie-Lasagne mit Pilzen

Zutaten für 4 Personen:

1 Knollensellerie

250 ml Schlagobers

Salz, Pfeffer

Muskatnuss, gerieben

250 g Bries (am besten Herzbries)

Butter

200 g Pilze (z. B. Steinpilze)

1/2 Zwiebel

1 Jungzwiebel

200 ml brauner Fond

4 Blüten vom Schnittlauch

Zubereitung:

- Sellerie schälen und in sehr dünne Scheiben schneiden oder hobeln. Abschnitte des geschälten Selleries für später aufheben.
- Selleriescheiben kurz in kochendes Wasser geben – sie sollen später noch knackig sein – und warm stellen.
- Die Sellerieabschnitte (ohne Schale) bei Bedarf noch klein schneiden und in Obers weich kochen. Dann pürieren und mit Salz, Pfeffer und Muskatnuss würzen. Warm stellen.
- Das Bries gut wässern, putzen und in etwas heißer Butter anbraten.
- Die geputzten, geschnittenen Steinpilze hinzufügen und ebenso anbraten.
- Die geschälte Zwiebel fein schneiden und ebenso mitbraten. Das Ganze mit Salz und Pfeffer abschmecken.
- Das Grün von der Jungzwiebel sehr fein schneiden.
- Braunen Fond erwärmen.
- Das Selleriepüree auf den Tellern verteilen. Darauf die Selleriescheiben legen und darauf das glacierte Bries anrichten. Mit Jungzwiebelgrün bestreuen und mit braunem Fond umgießen. Mit Schnittlauchblüte garnieren.

Was für ein wunderbares Paar: **Elisabeth und Ronald Eichenauer** aus St. Wolfgang. Elisabeth ist gebürtige Britin und eigentlich in der Musik zuhause. Die Liebe zu Ronald hat sie in der Region gehalten und mittlerweile zählen die beiden zu den einflussreichsten Kulinarikern der Region. Elisabeths Speckmarmelade schmeckt besonders gut auf frischem Schwarzbrot und Ronalds Würstelburger ist eine gelungene Neuinterpretation der klassischen Bosna. Bei den beiden ist es im wahrsten Sinne des Wortes Liebe, die durch den Magen geht.

Silvia kocht

... mit Elisabeth & Ronald Eichenauer

Bacon Jam (Speckmarmelade)

Zutaten für 2 Gläser à 350 ml:

500 g Bauchspeck

2 Zwiebeln

2 – 3 Knoblauchzehen

2 EL Balsamicoessig

50 ml Whisky (Elisabeth setzt auf schottischen Whisky, weil ihre Oma Schottin war.)

50 ml Honig

1/2 TL Pfeffer

1/2 TL Chilipulver

80 – 100 g brauner Zucker

Zubereitung:

- Speck fein faschieren oder sehr fein schneiden.
- Zwiebeln und Knoblauch schälen und klein schneiden.
- Speck so lange braten, bis das Fett ausgelassen ist.
- Zwiebeln mitrösten, bis sie goldgelb sind.
- Knoblauch hinzufügen und mit Balsamicoessig verfeinern.
- Whisky dazugeben. Das Ganze einkochen.
- Honig, Pfeffer und Chili hinzufügen.
- Den braunen Zucker darüberstreuen und bei mittlerer Hitze 15 Minuten lang unter ständigem Rühren köcheln lassen.
- Noch heiß in sterilisierte Gläser füllen und sofort verschließen.
- Schmeckt am besten zur Brettljause, als Aufstrich oder zu Käse.

Bratwürstelburger

Zutaten für 4 Personen:

4 Bratwurstschnecken

1 rote Zwiebel

4 Grahamweckerl

Ketchup

Senf

Currypulver

Zubereitung:

- Bratwurstschnecken von beiden Seiten in einer heißen Pfanne durchbraten.
- Inzwischen die Zwiebel schälen und grob schneiden.
- Grahamweckerl aufschneiden und alle Hälften toasten.
- Die unteren Hälften mit Ketchup und Senf bestreichen und mit Currypulver bestreuen.
- Bratwurstschnecken auf die Hälften legen, mit Zwiebeln garnieren und Deckel darauflegen. Dazu passen Pommes frites und Knoblauch-Kräuter-Mayonnaise.

Sigrid Allerstorfer ist **Apfelbäuerin** in Oberösterreich und eine der vielen regionalen Produzentinnen, die unsere Sendung veredeln. Sie nimmt gerne alle Mühen der Landwirtschaft auf sich, um ihren Betrieb am Leben zu halten. Dafür bin ich ihr und den vielen anderen Produzentinnen und Produzenten in Österreich sehr, sehr dankbar.

Zutaten für 4 Gläser à 300 ml:

1 kg Äpfel

3 TL Zitronensaft

200 g Zwiebeln

2 Chilischoten

25 g Ingwer

400 ml Weißweinessig

200 g Kristallzucker (oder evtl. Birkenzucker)

1 TL Salz

Zubereitung:

- Äpfel schälen, entkernen, in Würfel schneiden und sofort mit dem Zitronensaft vermengen.
- Zwiebeln schälen und klein schneiden.
- Chilischoten fein hacken.
- Ingwer schälen und fein hacken.
- Essig mit Zucker und Salz aufkochen lassen. Äpfel und alle anderen Zutaten hinzufügen und das Apfel-Chutney bei geringer Hitze einkochen, bis es eine musartige Konsistenz bekommt – die Apfelstücke sollen jedoch nicht komplett zerfallen. Das Einkochen dauert etwa 60 Minuten und dabei muss regelmäßig umgerührt werden.
- Noch heiß in sterile Gläser füllen und gut verschließen.
- Schmeckt hervorragend zu Käse und Fleisch.

Apfel-Chutney

Lukas Kienbauer zählt zur jungen österreichischen Kulinarikgarde. Er hat das gewisse Etwas am Speiseplan und die nötige Ruhe, um noch sehr, sehr weit zu kommen. Ich kenne wenige Köche, die so detailverliebt sind wie er und die nicht müde werden, Neues zu erfinden. Über die Jahre hat sich mit Lukas eine Freundschaft entwickelt, auf die ich sehr stolz bin.

Silvia kocht

... mit Lukas Kienbauer

Karfiol-Couscous mit Büffeljoghurt und Minze

Zutaten für 4 Personen:

Karfiol-Couscous

500 g Karfiolabschnitte (Stiele, Strünke)

1 Prise Cayennepfeffer

3 EL Erdnussöl

1 EL Zitronensaft

Salz

Zucker

Büffeljoghurt

250 g Büffeljoghurt

1/2 Bund Minze

1 Prise Salz

1 Prise Cayennepfeffer

Saft von einer halben Zitrone

40 g Erdnüsse, geschält

Zubereitung:

- Die Karfiolabschnitte grob schneiden und ganz kurz in einem elektrischen Zerkleinerer mixen, damit eine couscousähnliche Konsistenz entsteht.
- Diesen „Couscous" mit den übrigen Zutaten würzig abschmecken.
- Das Joghurt in einem Passiertuch für ca. 1 Stunde abhängen lassen. Inzwischen die Minze abzupfen und bis auf wenige Blätter für die Garnitur klein hacken. Joghurt mit der geschnittenen Minze vermengen und mit Salz, Cayennepfeffer und Zitronensaft abschmecken.
- Die Erdnüsse in einer trockenen, heißen Pfanne rösten, bis sie duften und dann überkühlt grob hacken.
- Karfiol-Couscous in Schüsseln aufteilen. Mit dem Joghurt, den Minzblättern und den Erdnüssen garnieren.

Entenbrust mit Rotweinbutter und Sellerie

Zutaten für 4 Personen:

Essigsellerie

1 großer Knollensellerie • 100 g Apfelessig • 100 g Kristallzucker

Rotwein-Gewürz-Butter

150 ml Portwein • 150 ml Rotwein • 1 Nelke

Mark einer halben Vanilleschote • 1/2 Zimtstange

100 g kalte Butter, gewürfelt • Salz • Staubzucker

Selleriepüree

100 g Butter • 250 g Knollensellerie • 400 ml Milch • Salz

1 Prise Staubzucker • Saft von einer halben Zitrone

Entenbrust

4 Entenbrüste • Salz

Fleur de Sel

essbare Blüten (z. B. vom Thymian)

Blätter vom Blutampfer

Zubereitung:

- Für den Essigsellerie den Sellerie schälen und in 12 Würfel à ca. 3 x 3 cm schneiden.
- Die Selleriewürfel in 100 ml Wasser mit Essig und Zucker weich kochen. Warm halten.
- Für die Rotwein-Gewürz-Butter Port- und Rotwein mit den Gewürzen auf ein Drittel einkochen. Abseihen. Kurz vor dem Anrichten nochmals erhitzen und die kalte Butter in Stücken nach und nach unterrühren. Mit Salz und Zucker abschmecken.
- Für das Püree die Butter erhitzen, bis sich Eiweiß oben schwimmt und abgeschöpft werden kann. Die Butter soll dann nussbraun sein. Den Sellerie schälen, grob schneiden und in der halben Buttermenge farblos

anschwitzen, mit Milch ablöschen und weich kochen, bis die Milch fast völlig einreduziert ist. Dann mit der restlichen Butter ganz fein mixen. Mit Salz, Zucker und Zitronensaft abschmecken. Warm halten.

- Die Entenbrüste salzen und mit der Hautseite nach unten in eine trockene, beschichtete Pfanne geben. Bei mittlerer Hitze braten, bis die Haut knusprig ist. Zum Schluss umdrehen und so lange braten, dass das Fleisch innen noch rosa ist. Kurz rasten lassen, dann aufschneiden.

- Die Entenbrust mittig anrichten und mit Meersalzflocken würzen. Rundherum die Selleriestücke und das Püree dekorativ anrichten. Die Rotwein-Gewürz-Butter dazugießen, mit Blüten und Blättern garnieren.

Register

Spezielles

Danke!

Ich bedanke mich bei

- **Alexander Hofer** für den Mut, die Vision und den außergewöhnlichen Drive für Neues, **Angelika Doucha-Fasching** für das Vertrauen, **Susanne Lauer** für ihre unendliche Energie, Liebe, Freude und einzigartige Handschlagqualität, **Claudia Lang** für ihre Genauigkeit und Erfahrung, **Claudia Kwet** für den Enthusiasmus und die Erfahrung, **Christoph Waltenberger** für den Überblick, **Stefan Wöber** fürs Ermöglichen, **Kurt Kitzberger** für das schönste Küchenstudio der Welt, **Familie Kitzberger** für die Lust auf Neues, **Renate Ortner** für die Hilfe am Set, **Nina Dobusch** für den guten Schnitt, die Freundschaft, ihre sensationellen Ideen und die Perfektion, **Rainhard Lehninger, Lukas Swatek, Angelo Kreuzberger, Florian Burscha, Viktoria Waba, Bernhard Lehninger** für die hohe Qualität und die Hingabe zum Produkt, die vielen gemeinsamen Stunden, Autofahrten und die Fähigkeit, echt alles reparieren zu können, **Simeon Baker** for wonderful pictures and his amazing spirit, **Trisha Schumacher** for being a great chef and a really good soul, **Markus Fuchs**, Fuxi-Fux, foxman, sexy foxy, für die beste Backstage-Kitchen der Welt, die gute Laune, das große Entgegenkommen und die Hands-on-Mentality, **Luise Mayer-hofer** für die Social-Media-Betreuung und jeden einzelnen Handgriff am Set, **Markus Freistätter** für die Freundschaft, die Verbundenheit, die vielen Überstunden und die Ruhe am Set, **Cristopher Koller, Marlies Pinsker, Sabine Stropek** und **Melanie Gattringer** für den perfekten Look, die Professionalität und den ein oder anderen Drink ☺, **Florian Mayer** für die Unterstützung, **Eva Hickersberger** für ihre Hilfe beim Setdesign, **Alexander Zupan** für den Überblick bei der Planung und die vielen Überstunden, **Astrid Sattler** für den Grafik-Look der Sendung, **Melitta Rosner** für das wunderschöne finale Setdesign, **meiner gesamten Familie** für die große und unendliche Liebe, **Jamie Harrison** for absolutely EVERYTHING!

- allen offiziellen Partnerinnen und Partnern der Sendung, von denen ich niemanden besonders herausheben

möchte, weil zum aktuellen Zeitpunkt bestimmt nicht alle hier erwähnt werden können und ich auch niemanden auslassen möchte.

- allen regionalen Produzentinnen und Produzenten Österreichs. Ihr leistet Außerordentliches.

- allen Köchinnen und Köchen der Sendung, die mit ihrem Können echte Magie auf die Teller zaubern.

- dem TRAUNER Verlag für die Umsetzung des Buches – allen dort! Ihr seid wundervoll! Besonders danke ich der Familie Trauner, Birgit Prammer und Claudia Höglinger sowie Bettina Victor.

- dem ORF: Ich bin unendlich dankbar, dass ich diese Sendung machen darf – ich kann mein Glück kaum fassen und verneige mich vor dem herzlichen Vertrauen in jeglicher Hinsicht.

Unser ganzes Team wünscht Ihnen Mahlzeit und
viel Vergnügen beim Nachkochen! Danke!

Silvia kocht

jeden Wochentag ab 14:00 Uhr in ORF 2